Fruit Recipebook

季節を彩る くだものレシピ帖

藤野貴子

マイナビ

はじめに

1年は長いようで短い。
4つの季節がやってきて、また同じ季節がやってくる。
毎日を一生懸命過ごすには長いような気がするけれど、
ふと空を見上げて風を感じると思う。
ああ、季節が変わったのだと。
そして、その想いの片隅には、新しい季節のくだものが描かれる。

いつものスーパーや街中の木々、知り合いの農家さんから届く
季節の贈り物など、日常からたくさんのくだものに出合える。
くだものを見て、目で季節を感じられる。

一方、くだものは自然の宝物だから、いつでも例年通りとはいかない。
だからこそ、あることが当たり前ではなく、出合えたことに感謝する。
なじみのあの人が、今年も育てたものだと愛しんでもいい。

出合ったくだものは、香りを嗅いだり、触ってみたり。
そのまま食べるのか、焼いたりお菓子にしたりして
味わいを凝縮させるのか。
また、ときどきハーブやスパイスを香らせるのか。
そんな想いを巡らせるのも、心弾むひととき。

本書には、そのときどきで出合ったくだものとの会話を楽しみながら、
作ってみていただきたいマリネやお菓子をたくさん詰め込みました。
お菓子のベースは、主張し過ぎず、
くだもののおいしさが際立つようシンプルに仕上げています。

四季折々のくだものとともに季節を巡るこの一冊、
ぜひお楽しみください。

藤野貴子

Contents

(spring)

Kiwi
キウイ

Plum, Apricot, Soldum
プラム・杏・ソルダム

Cherry
さくらんぼ

(summer)

Pineapple
パイナップル

Watermelon
スイカ

Peach
桃

Blueberry
ブルーベリー

「spring」「summer」「autumn」「winter」では、旬のくだものをフレッシュなまま使ってお菓子を作ります。「Stock Recipe」ではジャムやコンポートなど、くだものストックのレシピと、各ストックをアレンジして作るお菓子のレシピを紹介します。くだものならではの多彩なおいしさを楽しんでください。

(autumn)

(winter)

Stock Recipe

ストックレシピ

本書の使い方

- 計量単位は、小さじ1＝5㎖、大さじ1＝15㎖です。
- くだものは1つひとつサイズが異なります。分量に個数とg数が併記されている場合、いずれも目安の参考にしてください。
- 卵はすべてLサイズ、常温に戻して使っています。
- 塩は粗塩、ヨーグルトはプレーン、生クリームは乳脂肪分42％を使用（P.126参照）。
- バターはすべて食塩不使用のものを使っています。
- 冷やし固める時間は目安です。実際の様子を見ながら調整してください。
- オーブンは熱源の種類や機種によって焼き加減が異なります。表記時間を目安に実際の様子を見ながら適宜加減してください。

Fruits Calendar

くだものカレンダー

くだものが1番おいしいのは、やっぱり旬の時期。
食べ頃を知って、濃厚で瑞々しい味わいを堪能しましょう。

		1月	2月	3月	4月	5月	6月	7月	8月	9月	10月	11月	12月
春 (spring)	キウイ		▓	▓	▓	▓							
	プラム・杏・ソルダム				▓	▓	▓						
	さくらんぼ					▓	▓	▓	▓				
夏 (summer)	パイナップル							▓	▓	▓			
	スイカ					▓	▓	▓	▓				
	桃							▓	▓	▓			
	ブルーベリー							▓	▓	▓			
秋 (autumn)	ぶどう								▓	▓	▓	▓	
	洋梨										▓	▓	▓
	いちじく								▓	▓	▓	▓	
冬 (winter)	いちご	▓	▓	▓	▓								▓
	りんご	▓	▓	▓	▓	▓					▓	▓	▓
	柑橘	▓	▓	▓	▓								▓

(spring)

Kiwi
Plum, Apricot, Soldum
Cherry

あたたかな陽気が心地のよい春。キ
ウイ、プラム、杏、ソルダム、さくらんぼ
など、甘酸っぱいフルーツがおいし
い季節です。大好きなおやつの時間
に旬のくだものをふんだんに取り入
れ、春の恵みを堪能しましょう。

キウイのマリネ

粉糖のやわらかな甘みを纏ったキウイに、ミントが加わって、
一段とさわやかな味に。ゴールドキウイで作ってもおいしい!

材 料（2人分）

キウイ … 4個（正味約400g）

ミントの葉 … 1パック

粉糖 … 40g

レモン汁 … 小さじ1〜2

作り方

キウイは食べやすい大ききにカットする。
ボウルにすべての材料を入れ、粉糖が
溶けるまで全体を大きく混ぜ合わせる。

Kiwi キウイ

フルーツサンド

キウイを包む生クリームは"たっぷり"がおいしさのカギ。
甘すぎず、軽やかな生クリームで上品な味に仕上げました。

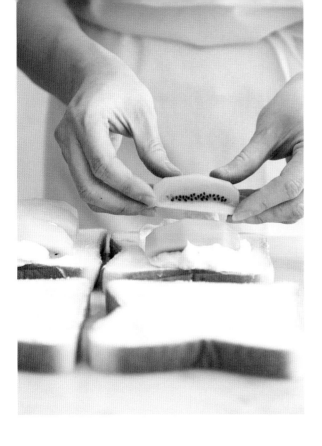

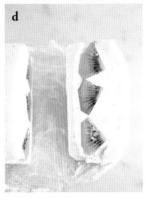

ラップに包んだら、横向きに置いたキウイと垂直の位置にペンでマーキングしておく（**c**）。マーキングした線に沿ってカットすると、キウイの断面がきれいに出る（**d**）。

材料（2人分）

キウイ … 2個（写真はグリーン1個、ゴールド1個）

生クリーム … 200g

練乳（加糖）… 40g

食パン（8枚切り）… 4枚

作り方

❶ **キウイを縦1/4のくし切りに**

　キウイの皮をむき、縦に1/4のくし切りにする。

❷ **角が立つまで生クリームを泡立てる**

　ボウルに生クリームと練乳を合わせ、ハンドミキサーで九～十分立てにする。角が立てばOK。仕上げに、泡立て器で均一になるまで混ぜる（**a**）。

❸ **生クリームを食パンに塗る**

　食パンの片面に生クリームを薄く塗る。4枚とも塗ったら、そのうち2枚は中央部分にさらに厚めに生クリームをのせる。

❹ **キウイを並べ、生クリームと食パンで挟む**

　上の写真のように❸で中央部分にのせた生クリームの上に、キウイを3つずつ重ならないよう並べる。さらにその上から、キウイが隠れるように生クリームを厚く塗り、別の食パンで挟む（**b**）。

❺ **冷蔵庫で休ませてからカットする**

　全体をラップで包み、冷蔵庫で1時間ほど休ませる。ラップのままパンの耳を切り落としたら、ラップを外して半分に切る。

Kiwi／キウイ

マドレーヌ

はちみつを入れると、生地がしっとりやわらかに仕上がります。
アイシングの甘さを抑えるなら、レモン汁を少し入れてもOK。

材料（コキーユ型 9個分）

キウイ … 1/4 個

グラニュー糖 … 45g

粗塩 … ひとつまみ

卵 … 60g（約1個分）

薄力粉 … 50g

ベーキングパウダー … 小さじ1/3

溶かしバター … 55g

（バターを500Wの電子レンジで10〜20秒ずつ加熱して、完全に溶かす）

はちみつ … 10g

［アイシング用］

キウイ … 40g

粉糖 … 100g

下準備

・ キウイは皮をむき、縦に1/4のくし切りにする。
　くし切りにしたひとつをいちょう切りにする

・ オーブンを190℃に予熱する

作り方

❶ **グラニュー糖、粗塩、卵を順に混ぜ合わせる**

ボウルにグラニュー糖と粗塩を入れ、泡立て器でよく混ぜ合わせる。卵を割り入れ、生地が均一になるまでさらに混ぜる。

❷ **粉類とバター、はちみつをよく混ぜ合わせる**

薄力粉とベーキングパウダーをふるいながら加え、粉気がなくなるまで混ぜ合わせる。溶かしバターを入れ（**a**）、混ぜ合わせたら、最後にはちみつを加えて混ぜる（**b**）。

❸ **型に生地とキウイを入れて焼く**

コキーユ型にバター（分量外）を塗り、打ち粉（強力粉／分量外）をする。余分な粉は型を台に打ちつけて、しっかりと落とす（**c**）。型にスプーンなどで❷の生地を均等に流し入れ、いちょう切りにしたキウイを上からひとつずつ入れていく（**d**）。190℃のオーブンで、きつね色になるまで12〜15分焼く。

❹ **冷ましてアイシングをかける**

アイシングを作る。キウイを細かく潰し、粉糖を入れてよく混ぜる（**e**）。焼き上がったらすぐに型から外し、冷ます。冷めたらアイシングをスプーンでかけ、15分乾燥させる（**f**）。

Kiwi／キウイ

バスクチーズケーキ

とろんとやわらかなチーズ生地に、丸ごと入ったキウイがゴロゴロ。
キウイそのままのおいしさが味わえる、さわやかなケーキです。

材料（15cm 丸型 1個分）

キウイ … 2個

クリームチーズ … 250g

グラニュー糖 … 85g

卵 … 2個

薄力粉 … 9g

生クリーム … 120g

下準備

・ キウイの皮をむき、縦半分に切る

・ クリームチーズを常温に戻す

・ 型にクッキングシートを敷く（**a**、**b**、**c**）

・ オーブンを220℃に予熱する

作り方

❶ <u>クリームチーズとグラニュー糖を混ぜる</u>

ボウルにクリームチーズとグラニュー糖を入れ、ゴムベラで混ぜ合わせながらやわらかくする（**d**）。

❷ <u>卵、薄力粉、生クリームを加えて生地を作る</u>

卵を2個とも割り入れ、生地が均一になるまで泡立て器で混ぜ合わせたら、薄力粉も加えてよく混ぜ合わせる。最後に生クリームを加えて混ぜる（**e**）。

❸ <u>型に入れ、オーブンで焼く</u>

型に❷を流し入れたら、キウイを断面が上になるようにして入れる。指で軽くキウイを押して生地の中に入れ込む（**f**）。220℃のオーブンで20分焼く。粗熱が取れたら、冷蔵庫で6時間ほど冷やし、型から外す。

POINT　オーブンの最高温度で表面が焦げるように焼くと、香ばしくなり、おいしい！

クッキングシートの敷き方

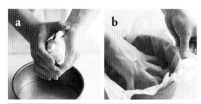

型より大きめにカットしたクッキングシートを手で一度ぐちゃっと丸めて、紙をやわらかくしておく（**a**）。型の底にぴったり合わせるように型にそって（**b**）、1周敷いていく（**c**）。

Plum, Apricot, Soldum プラム・杏・ソルダム

Plum ／プラム

プラムのフレンチトースト

パンの中まで、プラムをぎっしり詰め込んだ贅沢な一皿。
熱々にアイスクリームをトッピングするのもおすすめです。

材料（2人分）

プラム … 4個

卵 … 3個

グラニュー糖 … 45g

牛乳 … 200g

食パン（4枚切り）… 2枚

バター … 15g

粉糖、メープルシロップ … お好みで

下準備

・ プラムをすべて半分にカットし、種を取る。4つを残し、他は4等分のくし切りにする

作り方

❶ 卵液を作る

ボウルに卵を割り入れ、グラニュー糖を入れたら泡立て器で混ぜ合わせ、牛乳も加えて混ぜる。

❷ プラムを食パンの中に挟み入れる

食パンに奥まで切り込みを入れ（**a**、**b**）、くし切りにしたプラムを挟む（**c**）。10分前後、途中で裏返しながら❶に浸す（**d**）。

❸ フライパンでじっくり焼く

熱したフライパンにバターを溶かし、❷の両面がきつね色になるまで弱火の中火で4、5分じっくり焼く（**e**）。途中で半分にカットしておいたプラム4つも入れ、焦げ目がつくまで焼く（**f**）。皿にのせ、お好みで粉糖やメープルシロップをかける。

Apricot ／杏

杏のムース

杏をふんだんに使ったふわふわのムースは、思わずうなってしまうほど、
濃厚な味わい。大きなバットで作って取り分けても。

材料（150mℓプリンカップ5個分／H6cm）

杏 … 300g

杏、セージ（飾り用）… 適量

ゼラチン（粉末）… 6g

生クリーム … 100g

牛乳 … 70g

グラニュー糖 … 80g

下準備

- ・ゼラチンを4倍の水（分量外）に5〜10分浸けてふやかす。❸で材料に加える前に600Wの電子レンジで10秒ずつ様子を見ながら、20秒ほど加熱し、完全に溶かす

- ・ボウルに生クリームを入れ、ミキサーで七分立て（羽根の中にしばらくとどまり、落ちるとうっすら跡が残る状態）にする。仕上げに泡立て器で均一になるまで混ぜる。（**a**）

作り方

❶ **牛乳とグラニュー糖を加熱する**

鍋に牛乳とグラニュー糖を入れて火にかけ、グラニュー糖を溶かす。

❷ **ムース用の杏をピューレ状にする**

杏300gは皮付きのまま半分に切って種を取る。ミキサーにかけてピューレ状にする（**b**）。

❸ **すべて混ぜ合わせる**

❶に溶かしたゼラチンを加え混ぜたら（**c**）、ボウルに移す。氷水を入れたボウルの上に重ね、❷でピューレ状にした杏と合わせる（**d**）。ベースが冷えたら、七分立てにした生クリームを加え、ゴムベラでさっくりと混ぜ合わせる（**e**）。

POINT 温度が高いと生クリームが溶けてしまうので、必ず冷ましてから入れること。

❹ **プリンカップに入れて冷やす**

プリンカップに流し入れ、氷を入れたプレートにのせて冷蔵庫で6時間程度冷やし固める（**f**）。飾り用の杏を細かく刻み、ムースのまわりにセージと飾る。

POINT カップは水で濡らし、水分をきる。少し濡れた状態のまま生地を流し入れると、後で型から外しやすくなる。また、型から外すときは人肌程度のぬるま湯につけるときれいに外れる。

Soldum／ソルダム

ソルダム スクエアケーキ
グラノーラクランブル

ゴロッとしたクランブルは食べ応えがあり、おやつにも朝食にもぴったり。
ジュワッと溢れるソルダムの甘さがクセになります。

材料（16cmのスクエア型 1台分）

ソルダム（フレッシュ）… 80g

バター（常温）… 70g

グラニュー糖 … 100g

卵 … 1個

薄力粉 … 90g

ベーキングパウダー … 4g

牛乳 … 15g

ヨーグルト … 15g

強力粉 … 大さじ1/2

［クランブル］

薄力粉 … 25g

きび砂糖 … 25g

オートミール … 25g

粗塩 … 1g

溶かしバター … 25g
（バターを500Wの電子レンジで
10〜20秒ずつ加熱して、完全に溶かす）

下準備

・ ソルダムは皮付きのまま半分に切り、
  種を取って4等分のくし切りにする

・ クッキングシートを型に敷く（P.127
  参照）

・ オーブンを170℃に予熱する

作り方

❶ クランブルを作る

ボウルに溶かしバター以外のクラン
ブルの材料をすべて入れる（a）。混
ぜ合わせたら溶かしバターを加えて
（b）、全体になじませる（c）。

POINT クランブルを最初に作り、落ち着か
せている間に生地を作ると◎

❷ 生地を作る

ボウルに常温に戻したバターを入れ、
マヨネーズ状になるまでゴムベラで混ぜ
る（d）。グラニュー糖を加え、白っぽくな
るまで泡立て器で混ぜる（e）。

POINT バターがやわらかくないとグラニュー
糖が混ざらないので注意。

❸ 生地を仕上げて、型に流し入れる

卵を割り入れ、泡立て器で均一に混
ぜ合わせる。薄力粉とベーキングパウ
ダーをふるい入れて混ぜ、粉気が残っ
ているところに牛乳、ヨーグルトを加え
（f）、よく混ぜ合わせる。クッキングシー
トを敷いた型に流し入れる。

❹ ソルダムを生地にのせる

ソルダムに強力粉をまぶし（g）、生地
の上にランダムにのせる。

POINT 強力粉をまぶすとソルダムが生地
の中に落ちない。生地の表面にフルーツを見
せたいときのコツ。

❺ クランブルをトッピングして焼く

クランブルを手で好みの大きさにちぎっ
て、ソルダムに重ならないように散らす
（h）。170℃のオーブンで30分焼き、
天板を反転させて、さらに15〜20分
焼く。粗熱が取れたら型から外し、網
にのせて冷ます。

Cherry さくらんぼ

寒天よせ

ミルク寒天のやさしい甘さと、
さくらんぼの弾けるような果肉が好相性。
寒天を使ってやわらかな食感に仕上げます。

材料（流し缶 W17 × D14 × H4.5cm）

さくらんぼ … 150g

レモン汁 … 15g

［牛乳寒天］

水 … 100g

グラニュー糖 … 30g

粉寒天 … 2g

牛乳 … 300g

［寒天］

水 … 300g

グラニュー糖 … 45g

粉寒天 … 2g

作り方

❶ **牛乳寒天を作る**

鍋に［牛乳寒天］用の水、グラニュー糖、粉寒天を入れて沸かし、粉寒天を溶かす（**a**）。人肌程度に温めた牛乳を加え、よく混ぜ合わせる。型に流し入れ、30分ほど常温で固める。

❷ **さくらんぼとレモン汁を合わせる**

さくらんぼのヘタを取り、半分に切って、種を取る。レモン汁と混ぜ合わせておく。

❸ **寒天とさくらんぼを固める**

❶が固まったら、［寒天］用の水100g、グラニュー糖、粉寒天を鍋で沸かし、粉寒天を溶かす。これを残りの水と一緒に❷に入れ、軽く混ぜ合わせる（**b**）。❶の上にさくらんぼを散らし（**c**）寒天を流し入れたら（**d**）、冷蔵庫でよく冷やし固める。

Cherry／さくらんぼ

フレッシュタルト

瑞々しいさくらんぼを贅沢に使った春のタルト。
加熱して甘みを増したさくらんぼも重ねて、おいしさも2倍に！

Cherry／さくらんぼ

絞り出しクッキー

クッキーのサクサクッとした食感のヒミツは、強力粉。
粉糖を使うとさらに軽やかになります。お好みの口金で作ってみてください。

フレッシュタルト

材料（15cmのタルト型 1台分）

さくらんぼ … 約430g

［アーモンドクリーム（1台分 150g）］

バター（常温）… 55g

グラニュー糖 … 45g

卵 … 1個

アーモンドパウダー … 60g

［タルト生地（約1台分）］

バター（常温）… 55g

粉糖 … 30g

アーモンドパウダー … 20g

薄力粉 … 75g

［カスタードクリーム（1台分 150g）］

卵黄 … 2個分

上白糖 … 25g

強力粉 … 10g

牛乳 … 125g

［キルシュシロップ］

キルシュ酒 … 大さじ2

水 … 大さじ1

グラニュー糖 … 1g

下準備

・ さくらんぼはヘタを取り、半分に切って
種を取る

・ オーブンを180℃に予熱する

作り方

❶　アーモンドクリームを作る

ボウルに常温に戻したバターを入
れ、マヨネーズ状になるまでゴムベ
ラで混ぜる。グラニュー糖を加え、
白っぽくなるまで泡立て器で混ぜ
る（P.21❷参照）。卵を割り入れ、
均一になるまで混ぜる。アーモンド
パウダーを入れ、粉気がなくなるま
で混ぜたら（**a**）冷蔵庫で1時間ほ
ど休ませる。

❷　タルト生地を作る

❶と同様、バターをマヨネーズ状
にしたら、粉糖を加えてなめらかに
なるまでゴムベラで混ぜる。アーモ
ンドパウダーを加えて（**b**）混ぜ合
わせたら、薄力粉をふるい入れる。
粉気がなくなるまでよく混ぜ、ひとつ
にまとめてラップに包み（**c**）、冷蔵
庫で1時間ほど休ませる。

> **POINT** 湿気が多いと粉糖がダマにな
> りやすいので、ゴムベラでダマを潰しな
> がら混ぜる。

❸　カスタードクリームを作る

ボウルに卵黄と上白糖を入れ、泡
立て器ですり混ぜる。上白糖がなじ
んだら、強力粉を加え、粉気がなく
なるまで混ぜ合わせる。牛乳を加え
てさらに混ぜ、なじんだらラップをか
けて（**d**）600Wの電子レンジで1
分半加熱する。ラップを外し、均一
になるようサッと混ぜたら（**e**）、さら
に1分半電子レンジで加熱し、同
様に混ぜて（**f**）30秒加熱する。電
子レンジから取り出し、均一になる
までよく混ぜたら（**g**）バットに広げる。
ぴったりとラップをして、❺で使う直
前まで冷蔵庫でよく冷やす（**h**）。

❹　タルト台を作り、焼く

タルト生地を厚さ3mmほどに丸く
伸ばし（P.87❹参照）、型に合わ
せて敷く（**i**）。余分な生地はナイ
フでカットし（**j**）底が膨れないよう
フォークで空気穴をあけたら（**k**）
約15分、冷蔵庫に入れる。生地
が冷えたら、中にアーモンドクリー
ムを詰め、さくらんぼ5個分を散ら
す（**l**）。180℃のオーブンできつ
ね色になるまで約15分焼く。

❺　キルシュシロップを作り、トッピング

キルシュシロップの材料をすべて
耐熱ガラスに入れ、600Wの電子
レンジで30秒加熱し、グラニュー
糖を溶かす。❹のタルト台が冷め
たら、キルシュシロップをアーモン
ドクリームに染み込ませる（**m**）。カ
スタードクリームをフォークなどでほ
ぐし、タルト台にのせ、その上にさ
くらんぼをたっぷりのせる（**n**）。

絞り出しクッキー

材料（約30個／4cm）

さくらんぼ … 15個

バター（常温）… 175g

粉糖 … 70g

卵白 … 30g

強力粉 … 200g

下準備

・さくらんぼはヘタを取り、半分に切って
　種を取る

・オーブンを160℃に予熱する

作り方

❶ **バターと粉糖を混ぜ合わせる**

　ボウルに常温に戻したバターを入
れ、マヨネーズ状になるまでゴムベラ
で混ぜる（P.21 ❷参照）。粉糖を入
れ、なめらかになるまで混ぜる。

❷ **卵白と強力粉を加えて合わせる**

　卵白を加えて混ぜ合わせたら、強
力粉を加える。粉気がなくなり、つや
がでるまで混ぜ合わせたら（**a**）、好
きな口金を入れた絞り袋に入れる。

❸ **生地を絞り、さくらんぼをのせる**

　天板の上にクッキングシートかシル
パットを敷き、丸く絞り出す（**b**）。そ
の真ん中に、さくらんぼを断面が下
になるようにのせて、指で上から軽く
押す（**c**）。

❹ **オーブンで焼く**

　160℃のオーブンで15分前後焼く。

27

（ spring ）——————————

(summer)

(summer)

眩しい陽ざしとともに、暑い季節の到
来です。果肉が瑞々しく栄養補給もで
きる、夏の果物で喉を潤しませんか。
パイナップル、スイカ、桃、ブルーベリー
のおいしさをギュッと詰め込んだ、夏を
涼やかに彩るスイーツを紹介します。

Pineapple
Watermelon
Peach
Blueberry

パイナップルのマリネ

ジューシーで甘みの強いパイナップルに、バジルの豊かな香りが際立ちます。
パイナップルから滲むマリネの汁まで、おいしく召し上がれ。

材料（2人分）

パイナップル … 1/2個（正味約300g）

バジル … 2枝

粉糖 … 30g

レモン汁 … 小さじ1〜2

作り方

パイナップルは食べやすい大ききに
カットする。ボウルにすべての材料を
入れ、粉糖が溶けるまで全体を大きく
混ぜ合わせる。

Pineapple パイナップル

薄焼きパイ

市販のパイシートに材料をのせて焼くだけ！ 焼いて甘みを増した
パイナップルのねっとりした食感とサクサクのパイがリッチなお味。

材料（2人分）

パイナップル … 正味約100g

パイシート（市販／19×19cm）… 1枚

グラニュー糖 … 30g

バター … 30g

下準備

・ オーブンを180℃に予熱する

作り方

❶ パイナップルをカットする

葉を手で折り、頭とお尻を切り落とす（**a**、**b**）。お尻部分を下
にして置き、上から下に向けて皮を削ぐ（**c**）。ぐるりと一周皮を
削いだら、茶色の斑点を斜めの並びに沿ってV字に切り取る
（**d**）。全部取れたら、2〜3mmの輪切りを9枚カットする（**e**）。

❷ パイシートにトッピングする

均一に火が入るよう、パイシートにフォークでまんべんなく穴を
あける（**f**）。9枚のパイナップルをパイシートの上面全体に並
べ、グラニュー糖の半量を全体に振りかける。その上にバター
の半量を小さくちぎってのせる（**g**）。

POINT バターとグラニュー糖を一度に全部のせると、パイの周りに溶け
て流れてしまうので、2回に分けるのがポイント。

❸ パイを二度焼きする

180℃のオーブンでまず15分焼き、残りのバターとグラニュー
糖をのせたら（**h**）、再び表面に焦げ目がつくまで25分ほど焼
く。パイの底面をのぞいてみて、きつね色に焼けていたらOK！

アップサイドダウン

一般的なスライスではなく、ダイス状のパイナップルを使うのがコツ。
パイナップルならではの、コリコリとした繊維感を楽しめます。

アップサイドダウン

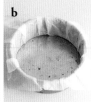

材料（15cm丸型 1台分）

パイナップル … 正味約200g

ココナッツロング … 15g

［カラメル］

グラニュー糖 … 75g

水 … 大さじ2

［生地］

バター（常温） … 50g

グラニュー糖 … 50g

卵 … 1個

アーモンドパウダー … 50g

薄力粉 … 50g

ベーキングパウダー … 小さじ1

ヨーグルト … 30g

下準備

・底抜けタイプの丸型の底板を外し、クッキングシートを手で一度ぐちゃっと丸めてやわらかくしてから、型に敷く（P.15参照）。型紙に穴をあけないよう、そっと底板を入れる（**a**、**b**）

・パイナップルの皮と茶色の斑点を取り、5cm角にカットする

・オーブンを170℃に予熱する

作り方

❶ カラメルを作り、型に入れる

鍋にグラニュー糖と水を入れ、鍋を回しながら強火できつね色のカラメルにする。クッキングシートを敷いた型に流し入れたら常温で10分ほど置き、カラメルを固める。

❷ パイナップルとココナッツを入れる

パイナップルとココナッツロングを混ぜ合わせ、固まったカラメルの上に平らになるようのせる（**c**）。

❸ 生地を作る

ボウルに常温に戻したバターを入れ、マヨネーズ状になるまでゴムベラで混ぜる。グラニュー糖を加え、白っぽくなるまで泡立て器で混ぜる（P.21❷参照）。卵を割り入れ、生地が均一になるまで混ぜ合わせたら、アーモンドパウダーも入れて合わせる。薄力粉とベーキングパウダーをふるい入れて混ぜ、粉気がなくなる前にヨーグルトを入れる（**d**）。粉気がなくなり、つやが出るまで混ぜ合わせる。

❹ オーブンで焼く

❷に❸を流し入れ（**e**）、均等にならしたら170℃のオーブンで45〜55分焼く。割れ目がきつね色に焼け、竹串を刺して何もつかなければオーブンから出す。粗熱を取り、冷ます。型から外し、クッキングシートをはがす。

Watermelon スイカ

ゼリー

夏の風物詩のひとつ、真っ赤なスイカをたっぷり入れて夏モードに。
ジャスミンが香るゼリーは、クラッシュにするとさらに涼やか。

材料 (4人分)

スイカ … 正味約 300g

水 … 400g

グラニュー糖 … 60g

ジャスミン茶 (茶葉) … 5g

ゼラチン (粉末) … 10g

レモン汁 … 30g

下準備

・ ゼラチンを4倍の水 (分量外) に5～10
分浸けてふやかす。❷で材料に加える前に
600Wの電子レンジで10秒ずつ様子を
見ながら、20秒ほど加熱し、完全に溶かす

作り方

❶ **スイカを小さくカットする**

スイカは種を取り、1cm角程度にカットする。

❷ **ゼリー液を作る**

鍋に200gの水とグラニュー糖を入れて中火に
かける。沸騰させてグラニュー糖を溶かしたら、
火を止める。ジャスミン茶を入れ、蓋かラップを
して5分蒸らしたら、茶葉を濾してボウルに移
す。溶かしたゼラチンをボウルに加え、ゴムベ
ラでよく混ぜる。

❸ **スイカと合わせてゼリーを固める**

❷にレモン汁と残りの水を加えて混ぜる。氷水
の上に重ね置き、常温まで冷ます。スイカを入
れて混ぜ合わせたら、型に静かに流し入れる。
冷蔵庫で4～5時間冷やす。

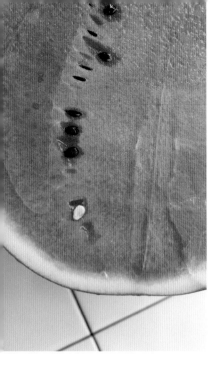

Watermelon／スイカ

サラダ

スイカと同じウリ科のきゅうりは相性◎。暑い日でもモリモリ食べられる、見た目も味わいも清々しいサラダです。

材料（3〜4人分）

スイカ … 1/8個
きゅうり … 2本
粗塩 … 小さじ1
カッテージチーズ … 100g
ミントの葉 … 1パック
レモン汁 … 小さじ2
オリーブオイル … 大さじ2

作り方

❶ スイカときゅうりの下準備をする

スイカは種を取り、食べやすい大きさにカットする。きゅうりは皮をむき、食べやすい大きさに切る。粗塩を振り、2〜3分置いておく。

POINT きゅうりは皮をむくと、臭みが取れる。

❷ すべての材料を和える

ボウルに水気を切ったきゅうり、カッテージチーズ、ミントの葉、レモン汁を入れ、混ぜ合わせる。スイカを入れ、オリーブオイルをかける。味を見て、粗塩（分量外）を足す。

Watermelon ／スイカ

ジュース

スイカ100％の濃厚ジュース。そのまま飲んでもヨシ、
お好みで炭酸水やラム、ジンと割ってもヨシ。
最高においしい夏の一杯です。

材 料（グラス1杯分／200㎖）

スイカ … 正味約200g

スイカ（飾り用）… お好みで

作り方

スイカの種を取り、ミキサーにかける。スイカ
が細かくなめらかになったら完成。

39

Peach 桃

お茶のマリネ

風味豊かな烏龍茶が、甘くて芳醇な桃をしっとりと落ち着かせてくれるよいアクセントに。
桃の皮を少し残すと食感の違いが楽しめます。

材料 (2人分)

桃 … 1個
烏龍茶 (茶葉) … 小さじ1/2
粉糖 … 大さじ1
レモン汁 … 小さじ2

作り方

❶ 桃の皮をむき、くし切りにする

桃を2等分するように、一周ぐるりと切り込みを入れる (**a**)。さらに種の上をなぞるように切り込みを入れていく (**b**)。パカッと2等分に割ったら (**c**)、種のまわりにぐるりと切り込みを入れて、種をとる (**d**)。皮をむき、食べやすい大きさにくし切りする (**e**)。

POINT 皮が手でむけない場合、湯むきするかナイフでむいてもOK。固めの桃なら、皮つきのまま薄めにスライスすると食感を楽しめる。

❷ 茶葉を細かくする

烏龍茶の茶葉をすり鉢で細かくする (またはミキサーにかける)。

❸ すべての材料をマリネする

ボウルに桃、レモン汁、粉糖、烏龍茶の茶葉を入れる (**f**、**g**、**h**)。手で混ぜ合わせたら、10分程冷蔵庫で冷やす。

Peach ／ 桃

レアチーズ

クリームチーズと同量のヨーグルトが入っているから、口どけ軽やか。
皮と種も活かして、桃のおいしさを余すところなくいただきます。

材料（15cm 丸型 1台分）

桃 … 1 個（約200g）

A｜グラニュー糖 … 40g
　｜水 … 40g
　｜レモン汁 … 5g

クリームチーズ（常温）… 160g

グラニュー糖 … 55g

レモン汁 … 5g

ヨーグルト … 160g

ゼラチン（粉末）… 8g

生クリーム … 80g

ビスケット … 6 枚

下準備

・型の底と側面に形を合わせて、フィルムを貼る（**a**）

・ゼラチンを4倍の水（分量外）に5〜10分浸けてふやかす。**❷**で材料に加
　える前に600Wの電子レンジで10秒ずつ様子を見ながら、20秒ほど加熱
　し、完全に溶かす

作り方

❶ 桃の下準備をする

桃の皮をむき、種を取ったら、皮と種を**A**と一緒に鍋で軽く
煮て、色を出す（**b**）。桃の実の半分を薄くスライス、残りをく
し切りにしたら、同じ鍋に入れて、ひと煮立ちさせる（**c**）。皮
と種を取り出し、実は鍋を冷水にあてて冷やす。

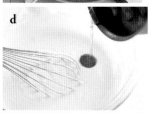

❷ チーズ生地を作る

クリームチーズをボウルに入れ、泡立て器でよく混ぜてやわ
らかくしたら、グラニュー糖を加え混ぜる。レモン汁、ヨーグ
ルト、溶かしたゼラチンを順に入れ、都度ダマにならないよう
によく混ぜる。生クリームも加え、混ぜたら**❶**の煮汁も入れて
（**d**）混ぜ合わせる。

POINT　溶かしたゼラチンを入れる前に、ゼラチンに生地を少し入れ
て混ぜ合わせてから全体の生地と混ぜると合わさりやすい。

❸ すべて型に入れ、冷やし固める

フィルムを貼った型に、薄くスライスした桃をランダムに並べ
る（**e**）。生地を流し入れ、くし切りにした桃を入れ込む（**f**、
g）。ビスケットを全体にのせ（**h**）、冷蔵庫で6時間ほど冷や
す。型から取り出し、フィルムをはがす。

Peach ／ 桃

ピーチパイ

市販のパイシートでエッグタルトを作り、ジューシーな桃をたっぷりオン。
夏場は、冷蔵庫で冷やしてから食べるのもおすすめです。

材料 （約10個分［約8cm／マフィン型］）

桃 … 1個

レモン汁 … 小さじ1

パイシート（市販／19×19cm）… 1枚

卵黄 … 3個

上白糖 … 40g

薄力粉 … 大さじ2

牛乳 … 220g

生クリーム … 30g

下準備

・ 桃は種を取り、皮をむき（P.41 ❶
  参照）、ダイス状にカット。レモン汁
  と合わせておく

・ オーブンを200℃に予熱する

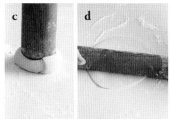

作り方

❶ **パイシートを巻いて、カットする**

パイシートを端からくるくると巻き、ロール状にする（**a**）。巻き
終わりはしっかりと閉じる。冷蔵庫に10〜15分ほど入れて
生地を落ち着かせたら、厚さ約2cmで10等分に切り分ける
（**b**）。

❷ **パイシートを型に入れる**

打ち粉（強力粉／分量外）をして、❶のロールを上に向けて
めん棒で押し広げ（**c**）、直径10cmほどに伸ばす（**d**）。型
に合わせて入れ（**e**）、❹で使うまで冷蔵庫で冷やしておく。

❸ **カスタードクリームを作る**

ボウルに卵黄と上白糖を入れ、泡立て器でよく混ぜる。薄
力粉を入れ、ダマが残らないようによく混ぜ合わせ、牛乳、
生クリームを加えて混ぜる（**f**）。ラップをして600Wの電子
レンジで2分加熱し、一度取り出して混ぜる。ラップをして、
さらに2分加熱し、ペースト状になるまでよく混ぜる。

❹ **オーブンで焼き、桃をトッピングする**

❸のカスタードクリームを❷のパイ生地の8分目くらいまで入
れる（**g**）。200℃のオーブンで表面に焦げ目がつくまで20
分ほど焼く（**h**）。粗熱が取れたら、型から外し、しっかり冷
ます。レモン汁と合わせた桃をタルトの上にたっぷりのせる。

Blueberry ブルーベリー

フラン

フランスの伝統菓子「フラン」。プリンよりも濃厚な質感が特徴です。
中には、焼いて溶けたブルーベリーがとろ～り。

材料（16cmのマンケ型 1台分）

ブルーベリー … 100g

［パイ生地］

バター … 60g

薄力粉 … 60g

強力粉 … 60g

粗塩 … 小さじ 1/2

水 … 25g

［アパレイユ］

牛乳 … 360g

卵 … 2個

グラニュー糖 … 125g

強力粉 … 25g

コーンスターチ … 7g

下準備

・バターは1cm角に切り、粗塩は水と合わせ、どちらも冷蔵庫で冷やしておく

・オーブンを180℃に予熱する

作り方

❶ パイ生地を作る

ボウルに薄力粉と強力粉を入れ、手で大きく混ぜ合わせる。バターを加え（**a**）、手で粉とすり合わせるようにしながら細かくする（**b**）。バターの大きな粒がなくなったら、冷やしておいた塩水を入れ合わせる（**c**）。粉気がなくなったらひとまとめにして（**d**）ラップに包み、冷蔵庫で1～2時間休ませる。

❷ パイ生地を型に敷き込み、焼く

台の上に打ち粉（強力粉／分量外）をしたら、型の大きさに合わせて丸く生地を伸ばす（P.87❹参照）。型に生地を敷き込み、端を折り返して（**e**）、不要な部分は取り除く。冷蔵庫で約15分、生地がかたくなるまで冷やす。十分に冷えたら、重しをのせ（P.97❸参照）、180℃のオーブンで約25分空焼きする。

❸ アパレイユを作る

鍋に牛乳を入れ、沸騰直前まで加熱する。ボウルに卵を割り入れ、ほぐし、グラニュー糖を入れて泡立て器で混ぜ合わせる。強力粉、コーンスターチを加えて、混ぜ合わせたら、温めた牛乳を入れて混ぜる。

❹ アパレイユをパイ生地に入れ、焼く

鍋に❸を戻し、泡立て器でかき混ぜながら（**f**）強火で炊き上げる（**g**）。火を止め、ブルーベリーを入れて混ぜたら、❷に流し込む（**h**）。200℃のオーブンで約20分程度焼く。しっかりと冷ましたら、型の外側についたパイ生地をナイフで削ぎ落とし、型から外す。

Blueberry ／ブルーベリー

マフィン

定番のマフィンは、フワッとした口当たりのやさしい生地が特徴。
生地にきび砂糖を使うことで、まろやかな甘さに仕上げました。

材料 （6個分／マフィン型）

ブルーベリー … 100g

バター（常温）… 75g

きび砂糖 … 90g

粗塩 … 1g

卵 … 2個

薄力粉 … 180g

ベーキングパウダー … 小さじ2

牛乳 … 80g

強力粉 … 大さじ1

きび砂糖（トッピング用）… 大さじ1

下準備

・ マフィン型に型紙を敷く
・ オーブンを170℃に予熱する

作り方

❶ バター、きび砂糖、粗塩、卵を混ぜ合わせる

ボウルに常温に戻したバターを入れ、マヨネーズ状になるまでゴムベラで混ぜる（P.21 ❷ 参照）。きび砂糖、粗塩を加え、泡立て器ですり混ぜる。卵をひとつずつ割り入れて、都度均一になるまでよく混ぜ合わせる。

❷ 粉類と牛乳を加えて、混ぜ合わせる

薄力粉とベーキングパウダーをふるい入れ、ゴムベラで混ぜ合わせる。粉気が半分くらい残っているところに牛乳を加えたら（**a**）、つやが出るまでよく混ぜ合わせる（**b**）。強力粉を振ったブルーベリーを入れ、大きく混ぜる（**c**）。

POINT ブルーベリーを入れる前に生地はできているので、最後はあまり混ぜない。

❸ 生地を型に入れる

生地を6等分して型にスプーンなどで入れる。表面にきび砂糖を振りかける（**d**）。

POINT きび砂糖をかけると、表面がカリッとしておいしくなる。

❹ オーブンできつね色になるまで焼く

170℃のオーブンで25〜30分ほど、割れ目が薄いきつね色になるまで焼く。竹串を刺してトロッとした生地がついてこなければ完成。粗熱が取れたら、型から外す。

(**autumn**)

Grapes
Pear
Fig

秋の気配とともに、主役はぶどう、洋
梨、いちじくなど、しっとりとなめらか
で芳醇な秋のくだものへと移ります。
これらはスパイスとの相性がいいの
も魅力。香り高いお菓子と、秋の深
まりを楽しみましょう。

ぶどうのマリネ

甘いぶどうにスパイスを効かせて、大人の秋味に。
ぶどうは皮のまま食べられる品種がおすすめです。

材料（2人分）

ぶどう（種なし／クイーンルージュ）… 1房（350g）

クローブ … 10粒

シナモン … 1本

ローリエ … 2枚

粉糖 … 35g

レモン汁 … 小さじ1～2

作り方

ぶどうを半分にカットし、シナモンは手で半分に折って軽くくずす。ボウルにすべての材料を入れ、粉糖が溶けるまで全体を大きく混ぜ合わせる。

Grapes ぶどう

焼き込みタルト

サクサクなのに、ほろほろ溶けるようなタルト生地の
やさしく素朴な味わいがぶどうの甘さを際立たせます。

材料（タルト型3台分［1台約170g］）

ぶどう（種なし／巨峰）… 7〜8粒

［タルト生地］

バター（常温）… 125g

粉糖 … 90g

卵 … 1個

強力粉 … 250g

ベーキングパウダー … 2g

［アーモンドクリーム（作りやすい分量）］

バター（常温）… 55g

グラニュー糖 … 45g

卵 … 1個

アーモンドパウダー … 60g

粉糖（飾り用）… 適量

下準備

・ ぶどうは房から実を外し、皮付きのまま半分に切る
・ オーブンを180℃に予熱する

作り方

❶ **タルト生地を作る**

ボウルに常温に戻したバターを入れ、マヨネーズ状になるまでゴムベラで混ぜる。粉糖を加えてなめらかになるまで泡立て器で混ぜたら、卵を割り入れ、均一になるまで混ぜる。強力粉とベーキングパウダーをふるい入れ、混ぜ合わせる。粉気がなくなったらラップに包み、冷蔵庫で1時間ほど休ませる（**a**）。

❷ **アーモンドクリームを作る**

ボウルに常温に戻したバターを入れ、マヨネーズ状になるまでゴムベラで混ぜる。グラニュー糖を加え、白っぽくなるまで泡立て器で混ぜたら、卵を割り入れ、均一になるまで混ぜ合わせる。アーモンドパウダーを入れ、粉気がなくなるまで混ぜたら、冷蔵庫で1時間ほど休ませる。

❸ **タルト台を作り、焼く**

タルト生地を18cmほどに伸ばし（P.87❹参照）、縁を親指の腹で押すようにして1周壁を作る（**b**、**c**）。中央に❷のアーモンドクリーム50gをのせる（**d**）。その上にぶどうを並べ（**e**）、180℃のオーブンで20分焼く。こんがりと焼き上がったら、中央部分にボウルなどを重ねて、周りに粉糖をまぶす（**f**）。

Grapes／ぶどう

スコーン

焼いても瑞々しさの残るぶどうの食感、やわらかなスコーン生地が翌朝の楽しみに。
カリカリのお砂糖もおいしさのエッセンスです。

スコーン

材料（6個分）

ぶどう（種なし／クイーンルージュ）… 100g

サワークリーム … 90g

牛乳 … 100g

溶かしバター … 50g
（バターを500Wの電子レンジで
10～20秒ずつ加熱して、完全に溶かす）

薄力粉 … 250g

ベーキングパウダー … 7g

グラニュー糖 … 20g

粗塩 … 1g

牛乳 … 大さじ1

グラニュー糖（トッピング用）… 大さじ1

下準備

・ ぶどうは房から実を外し、皮付きのまま半分に切る
・ オーブンを170℃に予熱する

作り方

❶ 水分を順に混ぜ合わせていく

サワークリームをボウルに入れ、やわらかくなるまで泡立て器で混ぜる。牛乳を入れてよく混ぜ合わせたら、溶かしバターを加え（a）さらに混ぜ合わせる。

❷ 水分と粉類を合わせる

薄力粉とベーキングパウダーをボウルにふるい合わせておき、❶とグラニュー糖、粗塩を入れる（b）。粉気がなくなり、つやがでるまでゴムベラで混ぜ合わせたら、ひとまとめにする。

❸ 生地をこねて、広げる

打ち粉（強力粉／分量外）をした台にのせ、5回くらいまとめるようにしながらこねる（c）。約17×15cm、厚さ3cmに手で押し広げ、包丁で半分に切る。

❹ ぶどうを挟み、成形する

1枚にぶどうを並べ、もう1枚を上からぎゅっと重ねる（d）。これをさらに半分にカットし、片面に残りのぶどうをのせ、同様にしてもう片方を重ねる（e）。3cmほどの厚さになるよう、上から手で押し広げる（f）。

❺ 6等分にして焼く

周りの余分な部分を薄くナイフで切り落とし、6等分に切り分ける（g）。切り落とした部分もひとつに集める。表面に牛乳を塗り、トッピング用のグラニュー糖をつけて（h）天板にのせる。170℃のオーブンで17分焼く。

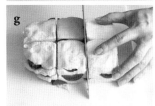

Grapes／ぶどう

フリット

ぶどうを揚げる斬鮮な味わいを、ぜひお試しあれ。
ほんのり塩を振ると、お酒との相性もアップします。

材料（作りやすい分量）

ぶどう（種なし／ピオーネ、シャインマスカット）

　… 各10粒

薄力粉 … 55g

炭酸水 … 90g

油 … 適量

結晶塩 … お好みで

作り方

❶ 衣を作る

　ボウルに薄力粉と炭酸水を入れ、よく混ぜ合わせる（**a**）。ダマが残っていてもOK。

❷ ぶどうに衣をつけて、揚げる

　ぶどうに衣をつけて（**b**）、170℃程度の中温に熱した油で、衣がカリッとするまで揚げる（**c**）。お好みで結晶塩を散らす。

Pear 洋梨

丸ごとロースト

丸ごとじっくり焼くから、洋梨の旨みがぎゅっと凝縮。
バターが香る、こっくりとあたたかな秋スイーツです。

材料 (2人分)

洋梨 … 2個

バター (常温) … 20g

グラニュー糖 … 20g

ラム酒 … 小さじ1

下準備

・ オーブンを180℃に予熱する

作り方

❶ 洋梨のヘタとお尻を取り除く

くり抜き器 (なければ計量スプーンなど)
で洋梨のヘタとお尻をクルッと取り除く
(**a**、**b**)。ヘタ部分はさらにペティナイフで
もう少し奥まで取り除く (**c**、**d**)。

❷ オーブンで焼く

ボウルに常温に戻したバターを入れ、マ
ヨネーズ状になるまでゴムベラで混ぜる
(P.21 ❷ 参照)。グラニュー糖、ラム酒を
加え、ゴムベラで混ぜ合わせたら、ヘタを
くり抜いた部分に詰める (**e**、**f**)。180℃の
オーブンで35分焼く。

Pear／洋梨

タタン風

贅沢にたっぷり入れた洋梨にほんのり苦いカラメルを
しっかり染み込ませて。少しかための洋梨を使うのがコツ。

材料（16cmマンケ型 1台分）

洋梨 … 3個（全量約600g）

グラニュー糖 … 60g

バター … 30g

［パイ生地］

薄力粉 … 100g

バター … 50g

粗塩 … 小さじ1/2

水 … 20g

下準備

・ バターは1cm角に切り、粗塩は水と合わせ、
　どちらも冷蔵庫で冷やしておく

・ オーブンを180℃に予熱する

作り方

❶ **パイ生地を作る**

P.47❶と同様にパイ生地を作る。ボウルに薄力粉とバターを入れ、手で粉とすり合わせるようにしながら細かくする（**a**）。バターの大きな粒がなくなったら、冷やしておいた塩水を入れ合わせる。粉気がなくなったら、ひとまとめにしてラップに包み、冷蔵庫で1〜2時間ほど休ませる。

❷ **洋梨をカットして型に並べる**

洋梨の皮をむき（**b**）、半分にカットして筋と種を取り除く（**c**、**d**）。さらに縦半分にカットしたら、型に立てるようにして並べる。

❸ **カラメルを作り、洋梨と焼く**

鍋にグラニュー糖、バターを入れ、強火にかける。かき混ぜながら濃い茶色に焦がしてカラメルを作り（**e**）、洋梨の上から全体にかける（**f**）。180℃のオーブンで20分焼く。一度オーブンから取り出し、上下を返したら（**g**）、さらに40分焼く。

❹ **パイ生地を被せ、さらに焼く**

洋梨に火が入ったら❶から100gを取り、型に合わせて厚さ3mmほどに丸く伸ばす（P.87❹参照）。これを❸に被せて（**h**）縁をフォークで1周押さえ（**i**）、数ヵ所穴をあけておく（**j**）。パイが焼き上がるまで、約20分焼く。室温で冷ましたら型から外し、切り分ける。

POINT 残った生地は、タルト生地として使ってもOK！

Pear ／ 洋梨

洋梨とブルーチーズトースト

かための洋梨で作ると、和梨のようなさわやかな風味に。
熟した洋梨ならトロッとして、しっとり濃厚。お好みでどうぞ。

材料（2枚分）

洋梨 … 1 個
食パン … 2 枚
ブルーチーズ … 50g
はちみつ … 大さじ 2

作り方

❶ 下準備をする

食パンを薄く焼き目がつくまでトースターで軽く焼
く。洋梨は、皮をむき、種と筋を取ってスライス
する。ブルーチーズは小さめにほぐしておく。

❷ 具材をのせてトーストする

トーストした食パン2枚に洋梨とブルーチーズを
半量ずつのせ、もう一度全体が温まるようにトー
ストする。焼き上がったら、はちみつをかける。

Pear／洋梨

コンポートゼリー

赤ワインを煮出すことで、色と味わいに深みをプラス。
お好みで白ワインに置き換えてもおいしくできます。

材料（2人分）

洋梨 … 2個

赤ワイン … 200g

水 … 300g

グラニュー糖 … 80g

レモン汁 … 25g

ゼラチン（粉末）… 10g

下準備

・ゼラチンを4倍の水（分量外）に5〜10分浸
けてふやかす。❷で材料に加える前に600W
の電子レンジで10秒ずつ様子を見ながら、
20秒ほど加熱し、完全に溶かす

作り方

❶ **鍋で10分煮て、冷やす**

皮をむいた洋梨、赤ワイン、水、グラニュー糖、レモン
汁を一緒に鍋に入れる（**a**）。落とし蓋をして火を入
れ、沸いたら弱火で約10分（かたい洋梨なら15分）
煮る（**b**）。粗熱が取れたら、鍋のまま冷蔵庫で2時間
ほどキンキンに冷やす。

❷ **煮汁でゼリーを作る**

❶の煮汁を1カップほど取り、溶かしたゼラチンを加
えて、しっかり混ぜ溶かす。これを洋梨の実（実は
食べるまで冷蔵庫に入れておく）を取り出した煮汁
（400mℓ）に戻し、全体に混ぜてなじませたら、バット
などの容器に移し替えて、6時間ほど冷やし固める。
固まったらフォークでくずして、実と器に盛りつける。

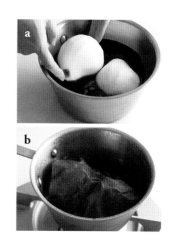

Fig いちじく

シナモンシュガー
レイヤーアーモンドケーキ

表面と中に入れて焼いたいちじく、2つの味わいが楽しめます。
食べ進めると、溶けたシナモンシュガーがジュワー！

材料 (15cm丸型)

いちじく … 150g

強力粉 … 少々

[シナモンシュガー]

きび砂糖 … 30g

シナモン … 小さじ1/2

溶かしバター … 8g
（バターを500Wの電子レンジで
10〜20秒ずつ加熱して、完全に溶かす）

[ケーキ生地]

バター (常温) … 60g

サワークリーム … 60g

グラニュー糖 … 110g

粗塩 … 1g

卵 … 1個

薄力粉 … 80g

強力粉 … 75g

ベーキングパウダー … 小さじ1

重曹 … 小さじ1/4

牛乳 … 80g

下準備

・ いちじくはヘタとお尻を取り除き、1個
　分を輪切りに、残りは4〜6等分のく
　し切りにする

・ シナモンシュガーの材料をすべて混
　ぜ合わせておく

・ 型に合わせてクッキングシートを敷く

・ オーブンを170℃に予熱する

作り方

❶ ケーキ生地を作る

ボウルに常温に戻したバターを入れ、マヨネーズ状になるまで
ゴムベラで混ぜる（P.21❷参照）。サワークリームを加え、泡
立て器で混ぜ合わせる。さらにグラニュー糖と粗塩を入れて
白っぽくなるまで混ぜ合わせる（a）。卵を割り入れ、均一にな
るよう混ぜる。

❷ 粉類を加え、生地を混ぜる

薄力粉、強力粉、ベーキングパウダー、重曹を混ぜ合わせ、
その半量をふるいながら❶に入れ、泡立て器でよく混ぜる。
牛乳を加えて混ぜ（b）、粉気がなくなり生地が均一になった
ら残りを入れ、つやが出るまでゴムベラで混ぜる（c）。

❸ 型にいちじくと生地を入れる

型紙を敷いた型に、生地の1/3を入れる（d）。いちじくに強
力粉をまぶし、全面に並べる（e）。その上からいちじくが隠れ
るように、残りの生地の半量をのせる（f）。

❹ 仕上げてオーブンで焼く

❸の上にシナモンシュガーを万遍なく入れ、残りの生地を軽く
広げる（g）。表面にいちじくの輪切りをのせたら（h）、170℃の
オーブンで45〜55分焼く。型から外して冷ます。

POINT 最後の生地を重ねるときに強く押すと、シナモンシュガーが生
地に混ざってしまうので、軽く広げるくらいに重ねる。

Fig ／ いちじく

カッテージチーズとロースト

切って、挟んで、焼くだけ。カッテージチーズのコクが
いちじくの自然な甘さと合わさり、リッチなおいしさに。

材料（1人分）

いちじく … 2個
カッテージチーズ … 50g
グラニュー糖 … 大さじ1
はちみつ … お好みで

下準備

・ オーブンを180℃に予熱する

作り方

❶ <u>ローストの準備をする</u>

いちじくのヘタを取り、十字に切れ目を入
れる。これをグラタン皿に入れ、切れ目に
カッテージチーズを挟み（**a**）グラニュー糖
をのせる（**b**）。

❷ <u>オーブンで焼く</u>

180℃のオーブンで20分焼く。焼き上がっ
たら、お好みではちみつをかける。

Fig ／ いちじく

ブリュレ

トロ〜リと濃厚なカスタードと炙って旨みを増した
いちじくがベストマッチ。しっかり冷やして召し上がれ。

材 料（円形グラタン皿直径13cm
4枚分／80㎖）

いちじく … 2個

グラニュー糖 … 適量

［生地］

生クリーム … 225g

牛乳 … 75g

卵黄 … 3個

グラニュー糖 … 45g

下 準 備

・ いちじくのヘタとお尻を取り、二等分
　にカットする

・ オーブンを130℃に予熱する

作り方

❶ 生地を作る

生クリーム、牛乳を鍋に入れて合わせ、沸騰
直前まで温めておく。これを卵黄とグラニュー
糖を合わせたボウルに入れ、泡立て器で混
ぜ合わせたら（**a**）少し生地を休ませる。

❷ オーブンで湯煎焼きする

4枚の器にいちじくを1/2個ずつ入れ、❶
をそれぞれ均等に流し入れる。耐熱性のト
レーに1cmほどのぬるま湯を張り、型をの
せる。トレー全体を覆うようにアルミホイルを
隙間なくぴっちり被せる（**b**）。130℃のオー
ブンで約30分加熱する。取り出したらすぐ
に冷まし、冷蔵庫でよく冷やす（約1時間）。

❸ 仕上げて冷やす

グラニュー糖を❷の表面に均等に振りか
け、バーナーで焦げ目がつくまで焼く（**c**）。
全体が熱くなるので、冷蔵庫で冷やしてか
ら食べる（焦がしたカラメルがパリパリにな
ればOK）。

＊必ず耐熱性のトレーやシートなどの上で焼くこと

Fig ／ いちじく

フルーツ大福

真っ白な餅は、口の中でフワッと溶けるほどやわらか。
フレッシュないちじくを贅沢に丸ごと堪能できます。

材料 (4個分)

いちじく … 4個

こしあん … 180g

白玉粉 … 100g

上白糖 … 50g

水 … 150g

片栗粉 … 適量

作り方

❶ いちじくをこしあんで包む

こしあんを600Wの電子レンジで2分加熱し、少し水分を蒸発させてかたくする。冷めたら45gずつ取り出して平らにし、ヘタとお尻をカットしたいちじくを1個ずつ包む（**a**）。

POINT　水分があるとあんこがドロドロになってしまうので、水分を蒸発させておくのがコツ。あんこをいちじくよりやや大きめの薄い丸型に広げ、中央にいちじくを置いたら、指であんこを下から上に指で押し広げながら薄く均一に包んでいく。

❷ 餅を作る

耐熱ボウルに白玉粉、上白糖を合わせ、大きなかたまりを指で潰す。水を75g入れ、粉を潰すようにゴムベラでよく混ぜる（**b**）。ラップをして600Wの電子レンジで1分加熱したら、残りの水を入れて混ぜ、なめらかにする（**c**）。ラップをして、再度600Wで1分加熱したら、混ぜて均一にする。もう一度600Wで1分加熱し、透明感がでるまでよく練りあげる（**d**）。

POINT　白玉粉、上白糖の大きなかたまりを潰しておくと、水分が入りやすくなり、口あたりなめらかな餅になる。

❸ いちじくを餅で包む

温かいうちに餅を片栗粉の上に置き（**e**）全体にまぶす。粗熱が取れたら手で押し広げて（**f**）カードやナイフで4等分にカットする。カットした餅を7cmほどに広げ、❶をいちじくの頭を下向きにして餅の中央に置き、包む（**g**）。包み終わり（餅のお尻部分）はぎゅっと餅を握りながらちぎって閉じ（**h**）、片栗粉をまぶす。これを4個作り、約10分休ませる。

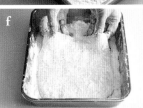

(autumn)

（ winter ）

(**winter**)

Strawberry
Apple
Citrus

冬は、クリスマスをはじめ、華やかな
イベントが多いシーズン。そんな特
別な日に欠かせないスイーツには、
おいしさの最旬を迎えるいちご、りん
ご、柑橘をふんだんに使って、大切
な人と過ごす時間を彩りましょう。

いちごのマリネ

いちごの甘酸っぱさの中に、タイムのほろ苦さが絶妙のエッセンス。
ヨーグルトにかけたり、ドレッシング代わりにしたりしても◎。

材料（2人分）

いちご … 1パック（約200g）

タイム（またはバジル）… 3本

粉糖 … 25g

レモン汁 … 大さじ1

白ワイン … 大さじ1

作り方

いちごはヘタを取り、半分に切る。すべての材料をボウルに入れて、粉糖が溶けるまで全体を大きく混ぜ合わせる。

Strawberry いちご

ホワイトチョコブラウニー

いちごと相性のいいホワイトチョコレートが生地に染み込み、
しっとりとした食感に。香ばしいカシューナッツともよく合います。

材料（16cm正方形型 1台分）

いちご … 75g

バター … 85g

ホワイトチョコレート … 140g

グラニュー糖 … 135g

卵 … 90g

薄力粉 … 140g

ベーキングパウダー … 小さじ1/2

カシューナッツ … 50g

下準備

・いちごのヘタを取り、半分に切る
・クッキングシートを型に敷く（P.127参照）
・オーブンを160℃に予熱する

作り方

❶ バターとホワイトチョコレートを乳化させる

ボウルにバター、ホワイトチョコレートの順に重ね入れ、湯煎にかけて溶かす。湯煎から外し、バターとホワイトチョコレートを泡立て器でよく混ぜ合わせて乳化させる（**a**）。

POINT ホワイトチョコレートを焦がさないよう、バターの上にのせ、沸騰していないお湯を使い湯煎にかける。

❷ グラニュー糖、卵を順に混ぜ合わせる

グラニュー糖を加え、泡立て器で混ぜる。卵を割り入れ、均一になるまでよく混ぜ合わせる（**b**）。

❸ 粉類、カシューナッツを順に混ぜ合わせる

薄力粉とベーキングパウダーをふるい入れ（**c**）、泡立て器でボウルの側面をなでるように大きくゆっくり混ぜたら（**d**）、カシューナッツを入れてゴムベラでさっくりと混ぜる。

❹ 型に生地を入れ、いちごを飾る

型紙を敷いた型に隅まで生地を流し入れ、表面をならしたら、半分に切ったいちごを切り口を上にして散らす（**e**）。

POINT いちごの切れ目を上にすると水分が抜けるため、食べたときにベチャッとしない。

❺ オーブンで焼く

網の上にのせ、160℃のオーブンで60分焼く。45分経ったら反転させて15分焼き、粗熱が取れたら、型から外して冷ます。

POINT 竹串を刺して、トロッとした生地がついてこなければ完成（**f**）

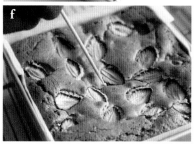

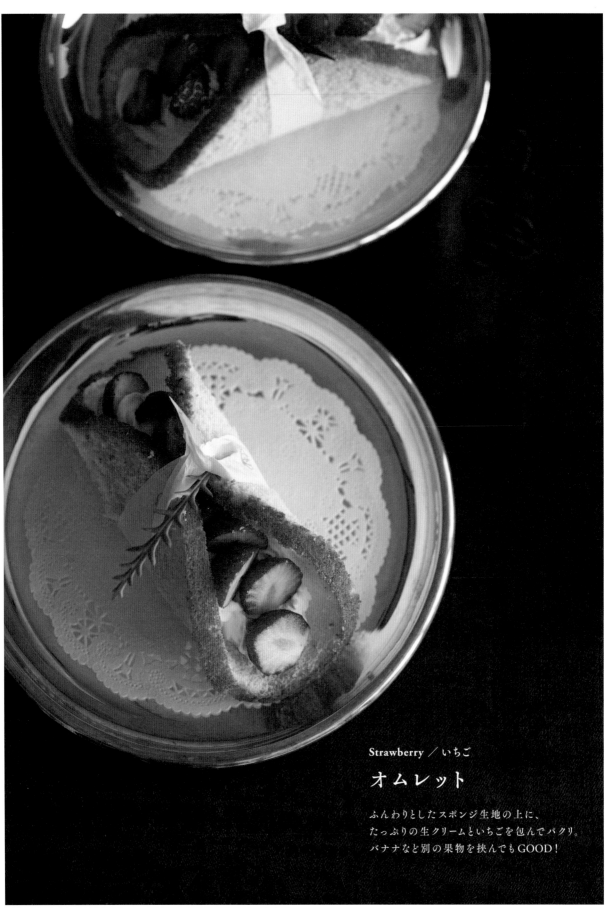

Strawberry ／ いちご

オムレット

ふんわりとしたスポンジ生地の上に、
たっぷりの生クリームといちごを包んでパクリ。
バナナなど別の果物を挟んでもGOOD！

材料（5個分［15cm丸型 1台分］）

いちご … 1パック

［ジェノワーズ生地］

卵 … 2個

上白糖 … 60g

薄力粉 … 60g

溶かしバター … 15g
（バターを500Wの電子レンジで
10〜20秒ずつ加熱して、完全に溶かす）

牛乳 … 15g

［生クリーム］

生クリーム … 200g

粉糖 … 20g

下準備

・いちごのヘタを取り、半分に切る
・クッキングシートを型に敷く（**a**）
・オーブンを170℃に予熱する

作り方

❶ 卵と上白糖を混ぜ合わせる

ボウルに卵を割り入れ、泡立て器で溶きほぐしたら、上白糖を加えて混ぜる。

❷ 湯煎にかけ、全体を泡立てる

ボウルを弱火の湯煎にかけ、ハンドミキサーの最高速で泡立てる。全体が白くもったりして羽根の跡が筋状に残り、すくい上げるとたらたらとリボン状に流れ落ちてしばらく形が消えなくなるまで泡立てる（**b**）。泡立て器に持ち替え、ボウルの底から全体を大きく混ぜて、気泡のキメを均一に整える（**c**）。

❸ 薄力粉、溶かしバター、牛乳を混ぜ合わせる

ボウルを湯煎から外し、薄力粉をふるい入れたら（**d**）泡立て器で底から大きく返すようにして混ぜ合わせる。粉気がなくなったら溶かしバターと牛乳を加え、同様に大きく混ぜる。バターの筋が見えなくなり、つやが出ればOK（**e**）。

❹ 生地をオーブンで焼く

型に流し入れ、低い位置から型を1回落として生地の中の余分な空気を抜く。170℃のオーブンで30分ほど焼く。

❺ 生地を冷ます

焼き上がったら再び低い位置から1回落とし、網などにひっくり返して型から取り出す。クッキングシートをつけたまま5分ほど冷まし、上下を返して冷ます。完全に冷めたら、クッキングシートを取り、表面の茶色部分をナイフでこそげるようにとる（**f**）。

POINT 上下を返して冷ますと、スポンジの表面が水平になる。

組み立て

❻ 八分立ての生クリームを作る

スポンジを1cmの厚さで5枚スライスする。ボウルに生クリームと粉糖を入れ、ハンドミキサーで八分立て（持ち上げて落ちなければOK）に立てる（**g**）。仕上げに泡立て器で均一になるまで混ぜたら、絞り袋に入れる。

❼ 生クリームといちごを挟む

スライスした生地の中央に生クリームを絞り（**h**）いちごを5〜6個のせたら、スポンジの両端を合わせるようにして挟む。

Strawberry ／ いちご

ショートケーキ

オムレットと同じ生地を使って、ショートケーキを作ります。
生クリームは、何度も塗り直すとボソボソしてしまうのでご注意を。

ショートケーキ

材料（15cm丸型 1台分）

いちご … 1パック（約250g／小粒なら6個程を飾り用、
　100gをシロップ用に、残りはサンド用）

粉糖（シロップ用）… 50g

［ジェノワーズ生地］

P.79「オムレット」と同じ

［生クリーム／塗る用］

生クリーム … 300g（P.126参照）

粉糖 … 30g

［生クリーム／デコレーション用］

生クリーム … 50g

粉糖 … 5g

タイム … 2本

下準備

・ いちごのヘタを取り、飾り用、シ
ロップ用、サンド用に分ける。飾
り用は大粒なら半分にカット、
サンド用は1cmの厚さにスラ
イスする

・ シロップを作る。シロップ用の
いちごをボウルに入れ、フォーク
などでピューレ状に潰す。粉糖
50gと混ぜ合わせたら完成

作り方

❶ スポンジを焼く

P.79「オムレット」と同様に、スポンジを1台分焼く。冷めたら、
スポンジを1.5cmの厚さで3枚スライスする（**a**）。

組み立て

❷ 八分立ての生クリームを作る

ボウルに［塗る用］の生クリームの材料を入れ、ハンドミキサー
で八分立てにする（P.79❻参照）。

❸ ショートケーキを2段に組み立てる

3枚のスポンジの片面に各々シロップをスプーンで塗り、染み
込ませる。1枚目のスポンジに生クリームを平らに塗り（**b**）、ス
ライスしたいちごを並べる。その上に生クリームを塗り（**c**）、2
枚目のスポンジを重ねる。軽く上から抑えて平らにした後、2
枚目も同様に生クリーム、いちごを重ねていく。

❹ 生クリームを全体に二度塗りする

3枚目のスポンジを重ねたら、残りの生クリームの半分を全
体に塗る（**d**）。その上から残ったクリームを全体に塗り重ね
る（**e**）。

❺ とろ～り垂れる生クリームで仕上げる

［デコレーション用］に七分立てにした生クリーム（**f**／P.19
「下準備」参照）を上面にのせる（**g**）。これを全面に軽く
広げたら、少し持ち上げてトントンと軽く落とし、生クリームを
側面に自然に垂らす（**h**）。飾り用のいちごとタイムを飾る。

Strawberry ／ いちご

クリームソーダ

フォークでザクザクといちごを潰すだけで準備OK！
ソーダに溶けたアイスクリームが、いちごのおいしさを引き立てます。

材 料（グラス2杯分／約200mℓ）

いちご … 100g

上白糖 … 20g

炭酸水 … 100mℓ

バニラアイスクリーム
　　… お好みの量

作り方

❶ **いちごをピューレ状に潰す**

グラスの中にヘタを取ったいちごを入
れて、フォークでよく潰す。上白糖を加え
て、いちごのかたまりがなくなるまでさら
によく潰し、ピューレ状にする。

❷ **炭酸水を入れ、アイスクリームをのせる**

氷（分量外）をグラスいっぱいに入れ、
氷の上から炭酸水をゆっくりと注ぐ。バ
ニラアイスクリームを好みの量のせる。

83

Apple りんご

Apple ／ りんご

アップルパイ

りんごは切るだけ、型は不要！ とっても手軽で、いつもとは趣の異なる、
フレッシュで軽やかなアップルパイを楽しめます。

材料 （直径18cmのパイ皿 1台分）

［パイ生地］

薄力粉 … 140g

グラニュー糖 … 5g

粗塩 … 1g

バター … 70g

冷水（水で冷やす） … 20g

酢 … 5g

りんご … 300g

カルダモン … 5粒 （またはシナモン）

グラニュー糖 … 80g

バター … 30g

サワークリーム … お好みで

下準備

・［パイ生地］用のバターを1cm角
　に切り、冷蔵庫で冷やしておく

・カルダモンを割り、皮をとって、
　種を潰す

・オーブンを200℃に予熱する

作り方

❶ パイ生地を作る

ボウルに薄力粉、グラニュー糖、粗塩を入れて手で軽く混ぜ、1cm角に切った冷たいバターを加える。指の腹でバターを潰すようにして小さくしながら両手ですり合わせるようにして、すばやく粉と合わせていく（**a**）。

❷ 全体をなじませてひとかたまりにする

冷水と酢を加え、手で大きく混ぜて全体になじませる。ざっくりそぼろ状になったら（**b**）中心に集め、ぎゅっと握りながら（**c**）ひとかたまりにする。

POINT　まとまらないときは、冷水を足して調整する。

❸ よく練り、生地を休ませる

まとめるようにしながら粉気がなくなるまで練り、ラップに包んで冷蔵庫で1～2時間休ませる（**d**）。

POINT　パイ生地は、2ヵ月冷凍保存可能。使うときは冷蔵庫で解凍してから成形する。

❹ りんごをスライスし、パイ生地を伸ばす

りんごを半分に切り、種の部分を取り除いたら、2mm幅にスライスする。十分に休ませた❸を厚さ約3mmに丸く伸ばす。

POINT　生地を丸型に伸ばすには、打ち粉（強力粉／分量外）をしたら（**e**）、八方向に生地を回しながらめん棒を動かす（**f**, **g**）。

❺ 生地にトッピングする

パイ生地の上にりんごを円形に並べる。潰したカルダモンを散らしたら、グラニュー糖40gを全体に振りかけ、バター15gを小さくちぎってのせる（P.85参照）。りんごの先端に被せるように、生地の端を内側に折り込む。

❻ オーブンで焼く

200℃のオーブンで45分焼く。30分経ったら残りのグラニュー糖とバターを散らし、天板を反転させて、さらに10～15分焼く。お好みでサワークリームを添えて。

Apple ／ りんご

パートドフリュイ

「パートドフリュイ」とは、果物のピューレや果汁を固めて作るゼリー菓子。
凝縮されたりんごの甘みが口の中に広がります。

材料（3cm角25個分［15×15cm枠］）　＊常温で1〜2ヵ月保存可能

りんご … 200g

酒石酸（食品添加物）… 2g

水 … 2g

A｜ペクチン（HM）… 6g
　｜グラニュー糖 … 20g

B｜グラニュー糖 … 225g
　｜水飴 … 60g

下準備

・Aを指でダマを潰すように混ぜ合わせておく
・酒石酸を水に溶かしておく　＊酒石酸は薬局などで取り寄せ可能
・クッキングシートをバットのような浅い容器に敷く（P.127参照）

作り方

❶ **りんごをピューレにして加熱する**

りんごは皮をむき、半分に切って種を取り除いたら、ミキサーにかける。粒が均一なピューレ状になったら、鍋に入れて強めの中火で加熱する（**a**）。Aを加え、ヘラで混ぜながら沸騰させる。

❷ **104℃まで煮詰める**

Bを加え、ヘラで混ぜながら強めの中火で加熱する。フツフツと沸騰し出したら、混ぜながら焦げつかないように104℃まで煮詰める（**b**）。

POINT　103℃になったら温度計を鍋から外し、鍋の中をかき混ぜて均一にする。

❸ **酒石酸水を混ぜる**

火を止め、酒石酸を水に溶かしたものを加え、すばやく全体が均一になるよう混ぜ合わせる。

❹ **型に入れて常温で固める**

型に❸を流し込む（**c**）。乾燥を防ぐため、表面にグラニュー糖（分量外）を振る（**d**）。常温で1〜2時間冷まし固める。

❺ **3cm角に切り分け、グラニュー糖を振る**

固まったら容器から外し、3cm角に切り分け、グラニュー糖を全面にまぶす。

Apple ／ りんご

キャラメルアップルパウンド

ずっしりと重みのある生地に、コクのあるキャラメルアップルがマッチ。
子どもも食べやすいほっこりやさしい味が魅力です。

材料 （W17 × D7 × H6cmのパウンド型 1台分）

［キャラメルアップル（作りやすい分量）］

りんご … 200g

グラニュー糖 … 100g

水 … 大さじ2

水飴 … 70g

バター … 18g

生クリーム … 100g

［パウンド生地］

バター（常温） … 100g

グラニュー糖 … 100g

粗塩 … ひとつまみ

卵 … 2個

薄力粉 … 100g

ベーキングパウダー … 4g

下準備

・ りんごは皮と種を取り除き、1cm角にカットする。

・ クッキングシートを型に敷く（P.127参照）

・ オーブンを160℃に予熱する

作り方

❶ キャラメルアップルを作る

グラニュー糖と水を濃いきつね色になるまでフライパンで加熱する（**a**）。カラメルができたら、りんごを入れてなじませる。

❷ 残りの材料と加熱する

水飴、バター、生クリームを小鍋に入れ沸かしたら、❶に注ぎ入れ（**b**）、弱火で5分加熱する（**c**）。火から外し、バットなどに移す。粗熱が取れたら冷蔵庫に30分ほど入れる（**d**）。

❸ パウンド生地を作る

ボウルに常温にしたバターを入れ、マヨネーズ状になるまで混ぜたら（P.21❷参照）、グラニュー糖、粗塩を加え、泡立て器で混ぜ合わせて5分おく。その後、白っぽくなるまでよく混ぜる。

POINT 5分おくことで、生地がなじみやすくなる。

❹ 卵をひとつずつ混ぜ合わせる

❸に卵をひとつ割り入れ、卵黄を潰しながら泡立て器でよく混ぜ合わせる（**e**）。しっかりと硬くなるまで乳化させたら2個目の卵を割り入れ、さらに混ぜる（**f**）。

POINT 混ぜ過ぎないよう、時間をかけない！ 卵が混ざればOK。2個目は長く混ぜ過ぎると分離しやすくなる。

❺ キャラメルアップルと生地を型に入れる

❹にふるいながら薄力粉とベーキングパウダーを入れ、ゴムベラで混ぜ合わせる。生地に粉気がなくなりつやが出たら（**g**）、❷でできたキャラメルアップルから100gを入れて軽く混ぜ、型に流し入れる（**h**）。

❻ 160℃のオーブンで焼く

160℃のオーブンで50〜60分焼く。30分経ったら天板を反転させ、残りの時間を焼く。

POINT 残りのキャラメルアップルは、ホットケーキやパンに入れて作ってもおいしい！

Citrus 柑橘

柑橘のテリーヌ

3つの柑橘をぎゅっと詰め込んだ贅沢な
フルーツテリーヌ。きらきらと輝く美しいカットが、
テーブルをパッと華やかにします。

材料（W19×D9×H5.5cm パウンド型／約700㎖）

デコポン … 2個

文旦 … 1個

伊予柑 … 2個

粉糖 … 40g

白ワイン … 40g

［ゼリー液］

グラニュー糖 … 25g

水 … 75g

ゼラチン（粉末）… 16g

レモン汁 … 小さじ1

レモンバーム … 10枚

下準備

・型にクッキングシートを敷く（P.127参照）

・ゼラチンを4倍の水（分量外）に5〜10分浸けてふやかす。❷で鍋に入れる前に600Wの電子レンジで10秒ずつ様子を見ながら、20秒ほど加熱し、完全に溶かす

作り方

❶ 柑橘をマリネする

デコポン、文旦、伊予柑はそれぞれ皮をむき、小房にして（全体量750g）ボウルに入れる。粉糖と白ワインを加え、手でやさしく混ぜる。

❷ ゼリー液を作る

グラニュー糖、水を小鍋で温める。溶かしたゼラチンを加え混ぜ、ゼラチンが溶けたら、レモン汁を入れて混ぜる。

❸ 型に柑橘とゼリー液を詰める

❶❷をボウルの中で合わせ、型にレモンバームの葉と交互に詰めていく。

❹ テリーヌを冷やし固める

重しをのせ、冷蔵庫で冷やし固める（6時間くらい）。固まったらお好みの厚さに切り分ける。

POINT 重しをのせるには、まず型のサイズに合わせて牛乳パックを切り取り、ラップで巻いたものを蓋にする（**a**）。その上に別の型をのせて、中に重しを入れる（**b**）。

Citrus ／ 柑橘

みかんのキャラメルソテー

香ばしいカラメルを纏った、
いつもとは一味違うみかんのおいしさを楽しめます。
薄皮がやわらかなSサイズを選んで。

材料（2人前）

みかん（Sサイズ）… 2個

グラニュー糖 … 50g

バター … 5g

水 … 小さじ1〜2

セージ … お好みで

下準備

・ みかんの皮をむき、横半分に切る

POINT みかんは小さいサイズの方が
薄皮がやわらかく、甘みも強い。

作り方

❶ **カラメルを作る**

フライパンにグラニュー糖を入れ、中火でフライパンを回しな
がら溶かし、薄いきつね色になるまで加熱する（**a**）。

❷ **みかんをソテーする**

❶にみかんの断面を下にして入れ、ソテーする。約1分後、
みかんに火が入ったらバターを入れる（**b**）。バターが溶け
たら火を止めて、水を入れる（**c**）。フライパンを回しながら
余熱で火を入れる。器に盛り、お好みでセージを添える。

POINT 火が弱くてソース状にならなければ、もう少し火を入れる。

Citrus ／ 柑橘

グレープフルーツプリン

グレープフルーツの酸味とカラメルのほろ苦さが相性ぴったりの大人プリン。
ワタのさわやかな苦みも加わって果実感がアップ！

材料（100mlのカップ5個分）

グレープフルーツ … 1個

［グレープフルーツカラメル］

グラニュー糖 … 100g

水 … 大さじ2

グレープフルーツジュース … 80g

［アパレイユ］

牛乳 … 350g

グレープフルーツの皮の
　白い部分（ワタ）… 1/2個分

卵 … 2個

グラニュー糖 … 50g

ミントの葉 … 10枚

下準備

・グレープフルーツの皮と薄皮をむき、
　小房にする
・オーブンを150℃に予熱する

作り方

❶ **カラメルを作る**

カラメル用のグラニュー糖と水を鍋で加
熱し、カラメルを作る。グレープフルーツ
ジュースを加え混ぜたら、弱火で鍋底のグ
ラニュー糖が溶けるまで煮る（**a**）。カップ
に5等分して入れ、冷凍庫で固める（30
分〜1時間くらい）。

❷ **アパレイユを作る**

牛乳とワタを鍋に入れ、人肌程度に温め
る。ボウルで卵、アパレイユ用のグラニュー
糖を混ぜ合わせ、温めた牛乳を加えて合
わせる。漉してワタを取り除く（**b**）。

❸ **カラメル入りカップにアパレイユを入れる**

❶に❷をカップの8分目まで入れる。耐熱
用トレーに1cmほどのぬるま湯を張り、5
個のカップをのせる。トレー全体を覆うよう
にアルミホイルをぴっちり被せる（**c**）。

❹ **150℃のオーブンで湯煎焼きにする**

150℃のオーブンで40〜50分、湯煎焼
きにする。粗熱が取れたら、グレープフ
ルーツと細切りにしたミントを飾る。

POINT　焼き上がったらカップを揺
らし、中心と全体がふるふる揺れるよ
うであればOK。中心がチャプチャプ
していたら、火が入っていないカップ
だけ残して、さらに10分加熱する。

Citrus ／ 柑橘

ココナッツレモンパイ

ハウピアとはハワイの伝統菓子。ホワイトとレモンが香るチョコの
2層のハウピアを、甘さ控えめで上品な味に仕上げました。

材 料（18cmのパイ皿 1台分）

［パイ生地］

薄力粉 … 120g

グラニュー糖 … 5g

粗塩 … 5g

バター … 60g

冷水（水で冷やす）… 20g

酢 … 5g

［フィリング（ハウピア）］

コーンスターチ … 大さじ2と1/2

グラニュー糖 … 50g

ココナッツミルク … 240g

ビターチョコレート … 35g

レモン汁 … 30g

［デコレーション用］

生クリーム … 100g

粉糖 … 10g

レモンの皮…適量

下 準 備

・ オーブンを180℃に予熱する

作り方

❶ **パイ生地を作る**

P.87❶〜❸と同様に、パイ生地を作って冷蔵庫で休ませる。

❷ **パイ生地を伸ばし、パイ皿に入れる**

パイ皿より少し大きめにめん棒で丸く生地を伸ばし、パイ皿に入れる。大きさを合わせて、生地を指で挟むようにしながら一周縁を作る（**a**）。冷蔵庫で15分ほど生地を休ませる。

❸ **180℃のオーブンで焼く**

クッキングシートにのせた重しを生地の上に置き（**b**）、180℃のオーブンで18〜20分焼く。しっかり焼けていたら重しを取って、さらに5分焼く（焼きが足りなそうなら、重しをのせたまま焼く）。ラックや網などにのせて冷ます。

❹ **ハウピアを作る**

鍋にコーンスターチとグラニュー糖を入れる。ココナッツミルクを一気に加え、ダマにならないように泡立て器で混ぜる。中火にかけて、たえずかき混ぜる。とろみがついて沸騰してきたら弱火にする。かき混ぜながらさらに3分加熱したら完成（**c**）。冷めたパイ生地に半量を流し入れ、表面をゴムベラで平らにする。

❺ **チョコレートハウピアを作る**

残りのハウピアにビターチョコレートを入れてよく混ぜ合わせる。余熱でチョコレートが溶けたらレモン汁を流し入れる（**d**）。水っぽさがなくなり、よくなじんだら、❹の上に流し入れ（**e**）、表面をゴムベラで平らにする。ぴったりラップを貼りつけて、粗熱が取れたら1時間くらい冷蔵庫で冷やす。

❻ **生クリームをパイに絞る**

ボウルに生クリームと粉糖を入れて八分立てにする。角が立ったら絞り出し袋に入れ、完全に冷えたパイに絞り出す。食べる前に、レモンの皮をすりおろす。

Stock Recipe

ストックレシピ

旬のフルーツをたっぷり堪能したら、次は"ストック"を作ってみませんか？
そのままだと甘みが足りないときや食べきれないときなど、
ストックにすれば新たなおいしさを楽しむことができます。
ここでは、代表的なフルーツを使った5つのストック
「ジャム」「コンポート」「ピューレ」「5分煮」「氷砂糖シロップ」の作り方と、
ストックを使ったアレンジレシピをご紹介します。
同じレシピで他のフルーツにも応用できるので、
お好みでぜひ試してみてください。

＊保存用の瓶や容器は、アルコール消毒や煮沸をした清潔な状態で使用してください

JAM
COMPOTE
PUREE
BOIL FOR 5 MINUTES
ROCK SUGAR SYRUP

冷蔵庫で3ヵ月ほど、保存可能

MEMO

果汁を煮詰め、粘りが出て飴のようになったら、果肉を戻す合図。アクもしっかり取り除きましょう。同じレシピでお好みのフルーツを使って、おいしいジャムが作れます。

果汁が煮詰まり、飴のようになった状態。

アクを丁寧に取るのもおいしさのコツ。

いちごジャム　Arrange Recipe ▶ P.102

材料（160gの瓶2〜3個分）

いちご … 約230g（約1パック）

グラニュー糖 … 115g（いちごの半量）

水 … 50g

クエン酸水（食用クエン酸と水を1:1で溶かす）… 小さじ1/2

作り方

❶ **いちごを潰し、マリネする**

いちごの半量を手で3〜4等分に潰し（**a**）、残りのいちごと一緒にボウルに入れ、グラニュー糖と和える（**b**）。1時間、室温におく。

❷ **加熱する**

❶、水を鍋に入れ、中火にかける（**c**）。沸騰したら、5分加熱する。

❸ **果肉と果汁を分ける**

いちごに火が入ったら（いちごの色が少し落ちたくらいが目安）（**d**）、下に別の鍋を置いて果肉をザルにあける（**e**）。

❹ **果汁を煮詰め、果肉を戻す**

ザルから落ちた果汁を鍋で煮詰め、煮詰めながらアクを取る。水分が2/3から半分くらいになったら果肉を戻し、一度沸かす。

❺ **クエン酸水を加え、火を止める**

クエン酸水を加え（**f**）、混ぜ合わせたら火を止める。最後に残ったアクを取り、清潔な保存瓶に詰める。

冷蔵庫で3ヵ月ほど、保存可能

MEMO

柑橘は皮を切ったり、洗ったりという工程が加わりますが、基本の作り方はいちごと同じ。完成時はシャバシャバな状態でも、一晩冷蔵庫で置くとトロッとしてきます。

柑橘ジャム Arrange Recipe ▶ P.104

材料（160gの瓶2～3個分）

デコポン（お好みの柑橘でOK）… 200g

グラニュー糖 … 100g

水 … 100g

クエン酸水（食用クエン酸と水を1：1で溶かす）… 小さじ1/2

作り方

❶ **皮と果肉に分ける**

デコポンのおへそをカットしたら、横半分に切り、皮をむいて果肉と分ける（**a**）。

❷ **皮と果肉をカットする**

皮を細切りにする。果肉は3等分（1cm幅くらい）に切り、種を取り除く（**b**）。

❸ **皮をもみ洗いする**

皮を水の中で3回程度よくもみ洗いする。水が濁らなくなるまで、水を替えながら両手でしっかりもんで洗い、水気を絞る（**c**）。

❹ **マリネする**

鍋に❸とグラニュー糖、水を入れて軽く混ぜ合わせ、約1時間おく。

❺ **加熱し、果汁と果肉を分ける**

中火にかけ、実がくずれて皮がやわらかくなったら、下に別の鍋を置いて果肉をザルに上げる。

❻ **果汁を煮詰め、果肉を戻す**

ザルから落ちた果汁を煮詰め、煮詰めながらアクを取る。水分が2/3から半分になったら皮と果肉を鍋に戻し、一度沸かす。泡が蜜のように粘りが出て、煮汁に少しとろみがつけば煮上がり（**d**）。

❼ **クエン酸水を加え、火を止める**

クエン酸水を加え、混ぜ合わせたら火を止める。最後に残ったアクを取り、清潔な保存瓶に詰める。

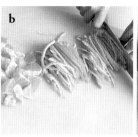

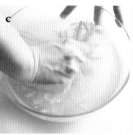

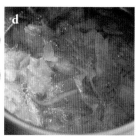

Arrange Recipe ／ いちごジャム

ドーナツ

ふわふわの生地にたっぷりかけた
甘〜いいちごのジャムグレーズ……
とびきりおいしいドーナツが完成！

材料（5cm丸型 約5個分）

［ジャムグレーズ］

「いちごジャム（P.100）」… 70g

粉糖 … 100g

［ドーナツ生地］

インスタントドライイースト … 5g

牛乳 … 100g

卵黄 … 2個

強力粉 … 200g

グラニュー糖 … 30g

粗塩 … 小さじ1/2

バター（常温）… 25g

作り方

❶ **イーストを予備発酵させる**

インスタントドライイーストを人肌程度に温めた牛乳（600Wの電子レンジで30〜40秒）に入れて溶かし、卵黄と合わせておく。

❷ **生地を作る**

強力粉、グラニュー糖、粗塩をボウルに入れ、混ぜ合わせる。❶を加え、手で握るようにして、ひとまとめにする。

❸ **生地をしっかりこねる**

大きめのボウルか台の上に出し、なめらかになるまでこねる（5〜6分）。

❹ **バターをよく混ぜて、発酵させる**

なめらかになったらバターを混ぜる（最初はベタベタするが、混ぜ続けるとツルッとなめらかにまとまってくる）。生地の表面をきれいにひとまとめにしたらボウルに入れ、ラップをして少し暖かいところで約1時間発酵させる。

POINT 夏は常温、冬は暖房が当たるところか暖かい部屋で、しっかりと発酵させること。

❺ **生地を伸ばし、型で抜く**

生地が2倍程度に膨らんだら、打ち粉（強力粉／分量外）をした台に置き、一度、生地を押してガスを抜き、再び生地をひとつにまとめる。全体が2cmの厚さになるよう両手で上からやさしく押して伸ばす。5cmの丸型で5個分を抜き、その中央を丸口金で抜いていく。打ち粉（強力粉／分量外）をした台やバットの上に置き、濡れ布巾をかけて15分ほど生地を休ませる。余った生地も適度な大きさにカットし、同様にしておく。

❻ **油で揚げ、しっかり冷ます**

160℃の油（分量外）できつね色になるまで両面を揚げ（弱火で約4〜5分）、しっかりと冷ます。

❼ **ジャムグレーズをたっぷりつける**

「いちごジャム」をボウルに入れ、ゴムベラでいちごの粒を潰す。粉糖を入れ、よく混ぜ合わせる（**a**）。❻の表面につけ、15分ほど乾燥させる（**b**）。

＊ドーナツが熱いとジャムグレーズが溶けてしまうので注意

Arrange Recipe ／ 柑橘ジャム

ミモザケーキ

小さなスポンジが彩る姿は、
まるで黄色の小花を集めたブーケのよう。
ほろ苦い柑橘と軽やかなカスタードが、
春の訪れを伝えます。

材料（15cm丸型 1台分）

「柑橘ジャム（P.101）」… 80g

［カスタードクリーム］

卵黄 … 2個分

上白糖 … 25g

強力粉 … 10g

牛乳 … 125g

［生クリーム］

生クリーム … 100g

粉糖 … 10g

15cmのスポンジ … 1台

（作り方と材料はP.79❶〜❺参照）

作り方

❶ カスタードクリームの材料を合わせる

ボウルに卵黄と上白糖を入れ、泡立て器ですり混ぜる。上白糖がなじんだら強力粉を加え、粉気がなくなるまで混ぜ合わせる。牛乳を加え混ぜ、なじんだらラップをかけて600Wの電子レンジで1分半加熱する。

POINT 牛乳の25g分を生クリームに置き換えると、より濃厚なカスタードクリームになる。

❷ 合わせた材料を加熱する

電子レンジから取り出し、均一になるようサッと混ぜたら再びラップをして1分半加熱する。もう一度取り出して同様に混ぜ、ラップをしてさらに30秒加熱する。

❸ カスタードクリームを冷蔵庫で冷やす

均一になるまで混ぜ、バットに広げてぴったりとラップをする。❻で使う直前まで、冷蔵庫でよく冷やす。

組み立て

❹ スポンジをカットする

厚さ約1.5cmのスポンジを2枚作る。余ったスポンジは包丁でざっくり5mm角に切り、手でほぐしてそぼろ状にする。

❺ 生クリームを泡立て、ジャムの半量を塗る

ボウルに生クリームと粉糖を入れ、ハンドミキサーで八分立てにする。ボウルのような円い器にラップを敷き、スポンジの1枚を入れてドーム状に成形する。「柑橘ジャム」の半量を塗る（**a**）。

❻ ジャムとクリームを塗り重ねる

❸を泡立て器でほぐし、生クリームの半量を混ぜ合わせる。よくなじんだら残りも入れて、泡を潰さないようやさしく切るようにゴムベラで大きく混ぜる。これを❺の上に塗り、さらに残りの「柑橘ジャム」を塗り重ねる（**b**）。

❼ ドームにクリームを塗り、スポンジを貼る

❻に平らなスポンジをのせて（**c**）1時間ほど冷蔵庫で休ませる。その後、ボウルをひっくり返して取り出す（**d**）。残りのクリームをドーム状のスポンジ全体に塗り、ほぐしたスポンジ生地を側面に貼り付けていく。

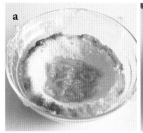   

a b c d

冷蔵庫で1週間ほど、保存可能

MEMO

作りたいくだものの量により「くだもの 20：グラニュー糖 6：水 10：レモン汁 0.5」の割合で調整可能です。

桃のコンポート

Arrange Recipe ▶ P.108

材料（作りやすい量）

桃 … 400g（2個くらい）

グラニュー糖 … 120g

水 … 200g

レモン汁 … 10g

作り方

❶ すべての材料をボウルに入れる

桃の皮と種を取ったら（P.41 ❶参照）、皮と種も含めすべての材料をボウルに入れてラップをする（**a**）。

❷ 弱火で湯煎にかける

湯煎用の湯（分量外）を用意し、沸騰しないように弱火で❶を30分ほど湯煎にかける。一度ラップを外してボウルの底にグラニュー糖が残っていないか確認し、残っていたら混ぜて溶かす（**b**）。ラップを元に戻し、さらに15分ほど湯煎にかける。

❸ 粗熱を取り、冷蔵庫で冷やす

湯煎から外し、氷水で冷やしたらボウルのまま冷蔵庫で冷やす。清潔な保存容器に移す。

冷蔵庫で1週間ほど、保存可能

いちじくのコンポート

Arrange Recipe ▶ P.109

材料（作りやすい量）

いちじく … 200g（4個）

グラニュー糖 … 60g

水 … 100g

レモン汁 … 5g

作り方

すべての材料をボウルに入れる

いちじくのヘタを取り、皮をむく。すべての材料をボウルに入れてラップをする。

→以降は、「桃のコンポート」と同じ手順。

冷蔵庫で1週間ほど、保存可能

いちごのコンポート

Arrange Recipe ▶ P.110

材料（作りやすい量）

いちご … 200g

グラニュー糖 … 60g

水 … 100g

レモン汁 … 5g

作り方

すべての材料をボウルに入れる

いちごのヘタを取り、すべての材料をボウルに入れてラップをする。

→以降は、「桃のコンポート」と同じ手順。

冷蔵庫で1週間ほど、保存可能

キウイのコンポート

Arrange Recipe ▶ P.111

材料（作りやすい量）

キウイ … 400g（4個）

グラニュー糖 … 120g

水 … 200g

レモン汁 … 10g

作り方

すべての材料をボウルに入れる

キウイの皮をむき、横半分にカットする。すべての材料をボウルに入れてラップをする。

→以降は、「桃のコンポート」と同じ手順。

MEMO

ゴールドキウイでも同様に作ることができます。ゴールドキウイの方がやや甘めの仕上がりに。

Arrange Recipe ／ 桃のコンポート

ピーチメルバ

桃のコンポートのやさしい甘さは、
甘酸っぱいフランボワーズソースとの相性抜群。
シロップはゼリーにして食感を楽しんで。

材料（グラス2つ分）

「桃のコンポート（P.106）」… 2個

「桃のコンポート」のシロップ … 300g

ゼラチン（粉末）… 7g

バニラアイスクリーム … 50g

フランボワーズピューレ（市販）… 100g

下準備

・ゼラチンを4倍の水（分量外）に5〜10分
浸けてふやかす。❶でシロップに加える前に
600Wの電子レンジで10秒ずつ様子を見
ながら、20秒ほど加熱し、完全に溶かす

作り方

❶ ゼリーを作る

「桃のコンポート」を漬けているシロップを鍋で60〜
70℃に温める。溶かしたゼラチンを入れ、よく混ぜる。バッ
トなどに流し入れ、冷蔵庫で固める（約6時間）。

❷ ゼリー→アイスクリーム→桃→ソースの順に重ねる

フランボワーズピューレを鍋で半分ほどに煮詰め、ソース
を作る。❶をフォークで細かくくずし、器に入れる。バニラ
アイスクリームをのせ、「桃のコンポート」を重ねたら、最後
にフランボワーズのソースをかける。

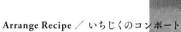

Arrange Recipe ／ いちじくのコンポート

いちじくのゼリー寄せ

ほのかに色づく淡いピンク色がいちじくならではの魅力。
実をくずしながらゼリーと一緒にどうぞ。

材料（グラス2つ分）

「いちじくのコンポート（P.107）」… 2個

「いちじくのコンポート」のシロップ … 200g

ゼラチン（粉末）… 4g

下準備

・P.108と同様にゼラチンをふやかし、❶でシ
ロップに加える前に溶かす

作り方

❶ **ゼリー液を作る**

「いちじくのコンポート」のシロップを鍋で60〜70℃に温
める（いちじくはよけておく）。溶かしたゼラチンを入れ、よ
く混ぜる。

❷ **ゼリーを固める**

器にいちじくをひとつずつ入れ、❶を流し入れ、冷蔵庫で
固める（約6時間）。

いちごのスープ

「いちごのコンポート」のとろけるような甘さに、さっぱりとしたヨーグルトクリームが
ベストマッチ。ミントを添えて、甘さの中に清涼感を演出。

材料（2〜3人分）

「いちごのコンポート（P.107）」… 300g

［ヨーグルトクリーム］
生クリーム … 100g
グラニュー糖 … 20g
水切りヨーグルト
　またはギリシャヨーグルト … 50g
ペパーミント … お好みで

作り方

❶ **ヨーグルトクリームを作る**

生クリームとグラニュー糖をボウルに入れ、ハンドミキサーで
九分立てにしたら、泡立て器で均一になるまで混ぜる。水
切りヨーグルトに生クリームを1/3入れ、泡を潰さないようゴ
ムベラでなじませたら、残りを入れて均一に混ぜ合わせる。

❷ **器に盛りつける**

器に「いちごのコンポート」をシロップと一緒に入れ、❶とペ
パーミントを添える。

MEMO
［**水切りヨーグルトの作り方**］
ペーパーを敷いたザル、もしくはコーヒーのドリッパーにヨーグルト100gを入れ、
半量になるまで冷蔵庫でおく。ザルなら一晩、コーヒードリッパーなら6時間ほ
どで完成。しっかり水切りすることで、濃厚なヨーグルトができる。

キウイのセミドライフルーツ

キウイのフレッシュ感を残しつつ、おいしさをギュッと凝縮した
セミドライフルーツ。他のくだものでも、同じ手順で作ることができます。

材料（2～3人分）

「キウイのコンポート（P.107）」… 2 ～ 4 個

下準備

・ オーブンを100℃に予熱する

作り方

❶ **キウイの下準備をする**

キウイをザルにのせて水分を切り（**a**）、厚さ1.5cmほどに切る。

❷ **オーブンで乾燥させる**

キウイの水分をキッチンペーパーで軽く拭き取り、オーブンペーパーを敷いた天板に間隔をあけて並べる（**b**）。100℃のオーブンで60分焼いて乾燥させる。

冷蔵庫で2～3日、冷凍庫で2ヵ月ほど、保存可能

MEMO

完熟で香りのよいものを使うのがおすすめ。もし少し傷みがある場合、その部分をしっかり取ってピューレにするのも◎。レモン汁を加えることで洋梨の変色を和らげます。

洋梨のピューレ

Arrange Recipe ▶ P.113、114

材料（作りやすい量）

洋梨 … 1個

レモン汁 … 5g

作り方

洋梨をカットして、ミキサーにかける

洋梨の皮をむき、ヘタと種、筋をとり除く（P.59❶、P.62❷を参照）。細かくカットし、ミキサーにかける（**a**、**b**）。清潔な保存容器に移す。

冷蔵庫で2～3日、冷凍庫で2ヵ月ほど、保存可能

いちごのピューレ

Arrange Recipe ▶ P.115

材料（作りやすい量）

いちご … 200g

作り方

いちごをミキサーにかける

いちごのヘタを取り、ミキサーにかける。清潔な保存容器に移す。

Arrange Recipe ／ 洋梨のピューレ

洋梨のミルクアイス

洋梨のしっとりとした甘さを楽しめる大人のアイス。
コーンでもカップでもお好みで。

材 料（作りやすい量）

「洋梨のピューレ（P.112）」… 250g

A｜牛乳 … 140g
　｜グラニュー糖 … 20g
　｜水飴 … 16g
　｜練乳 … 20g
生クリーム … 30g

作り方

❶ **ベースを作る**

Aを鍋に入れ、弱火で加熱し、混ぜながらグラニュー糖を溶かす。鍋を氷水にあてて冷やす。冷えたら生クリームを加えて混ぜ合わせる。

❷ **保存容器で凍らせる**

「洋梨のピューレ」を加え、よく混ぜ合わせたら保存容器に入れて凍らせる。食べる前にフォークでくずす。

洋梨のシナモンムース

洋梨×シナモン×チャイの組み合わせが絶妙なおいしさ。
秋の訪れを存分に楽しみましょう。

材料（90㎖の器3個分）

「洋梨のピューレ（P.112）」… 150g

牛乳 … 35g

シナモン … 小さじ 1/4

グラニュー糖 … 25g

ゼラチン（粉末）… 3g

生クリーム … 50g

［チャイシロップ］

水 … 100g

グラニュー糖 … 30g

茶葉（チャイブレンド）… 2g

下準備

・P.108と同様にゼラチンをふやかし、❷で加える前に溶かす

作り方

❶ **ムースを作る**

牛乳とシナモン、グラニュー糖を鍋に入れ、加熱して混ぜながらグラニュー糖を溶かす。

❷ **ピューレを混ぜ合わせる**

火を止めて、溶かしたゼラチンを❶に入れ、よく混ぜ合わせたら、鍋に氷水をあてて冷やす。

❸ **ムースを冷やし固める**

冷えたら七分立てにした生クリームを加え混ぜ（P.19参照）、それぞれの器に流し入れて固める（冷蔵庫で6時間程度）。

❹ **チャイシロップを作り、添える**

水とグラニュー糖を鍋に入れ、沸かす。沸いたら茶葉を入れ、蓋をして2分蒸し、茶葉を濾して取り除いたら、鍋に氷水をあてて冷やす。❸が固まったら、上から注ぐ。

Arrange Recipe ／ いちごピューレ

いちごづくしパフェ

いちごのおいしさがたっぷり詰まった、
心ときめくパフェが完成！
いちごもゼリーも、ピューレもスポンジも、
スプーンで一緒に召し上がれ。

材料 （グラス2個分）

「いちごのピューレ（P.112）」 … 300g

グラニュー糖 … 80g

白ワイン … 50g

ゼラチン（粉末）… 4g

いちご … 150g

スポンジ（市販）… 60g

アイスクリーム（市販）… お好みの量

下準備

・P.108と同様にゼラチンをふやかし、
　❷で加える前に溶かす

作り方

❶ ピューレをグラニュー糖、白ワインと煮る

「いちごのピューレ」をグラニュー糖、白ワインと一緒に鍋
に入れ、弱火で沸かす。

❷ ゼリーを冷やし固める

❶のうち100gは冷蔵庫で冷やしておく。残りは火から
外して、溶かしたゼラチンを加え、よく混ぜたらバットなど
に流し入れる。粗熱が取れたら、冷蔵庫で固めてゼリー
にする（6時間ほど）。

❸ 器に盛りつける

いちご（飾り用の2粒以外）、スポンジは好みの大きさに
切る。❷が固まったらスプーンでくずし（**a**）、ゼリー→い
ちご→スポンジ→❶のピューレ→アイスクリームとランダム
に重ねていく。最後に、飾り用のいちごをトッピングする。

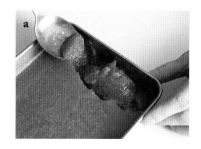

冷蔵庫で1週間〜10日間ほど、保存可能

MEMO

名前の通り、5分煮るだけで手軽に完成です。水分が少ないので、焦げないよう注意を。

パイナップルの5分煮

Arrange Recipe ▶ P.117、118

材料（作りやすい量）

パイナップル … 正味200g

グラニュー糖 … 60g

水 … 20g

作り方

❶ **パイナップルを輪切りにする**

パイナップルの皮をむき、2〜3mmほどの輪切りにする（P.33❶参照）。

❷ **5分加熱し、冷やす**

❶を鍋に入れて、グラニュー糖、水を入れる（**a**）。弱火で火を入れ、沸いたら5分加熱する（**b**）。火を止め、くしゃくしゃにしたクッキングシートをぴったりと被せて蓋をし、冷ます（**c**）。粗熱が取れたら、そのまま冷蔵庫に入れて冷やす。清潔な保存容器に移す。

冷蔵庫で1週間〜10日間ほど、保存可能

プラムの5分煮

Arrange Recipe ▶ P.119

材料（作りやすい量）

プラム … 200g（2個）

グラニュー糖 … 60g

水 … 20g

作り方

プラムをくし切りにする

プラムは皮はむかず、半分に切って種を取る。さらに半分に切って、4等分のくし切りにする。

→以降は、「パイナップルの5分煮」と同じ手順。

パインチップス

モチッとしっとりした食べ心地がクセになる⁉
ティータイムのお供からお酒のつまみまで幅広く活躍します。

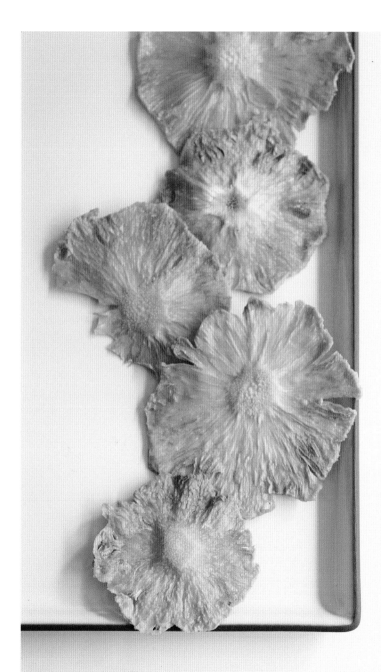

材料（5枚分）

「パイナップルの5分煮（P.116）」
　　…5枚

下準備

・オーブンを100℃に予熱する

作り方

パイナップルの水分を取り、オーブンペーパーを敷いた天板に並べる。100℃のオーブンで60分焼き、乾燥させる（P.111❶❷参照）。

クルフィ

クルフィとは、インドの伝統的な氷菓。
甘さを控えめにアレンジしたので
凍ったらお好みの大きさに割って
味わってみてください。

材料 (2人分)

「パイナップルの5分煮 (P.116)」
　　… 100g
「パイナップルの5分煮」のシロップ
　　… 大さじ2
牛乳 … 500g
カルダモン … 3粒
練乳 … 40g
ローストアーモンド … 40g

下準備

・「パイナップルの5分煮」をバットに広げ
　て並べる

作り方

❶ **牛乳をカルダモンと煮詰める**

　牛乳とカルダモンを鍋に入れ、一度沸かしたら弱火で10
　分煮詰める。ザルで濾し、カルダモンを取り出す。

❷ **バットに材料をすべて入れ、凍らせる**

　❶に「パイナップルの5分煮」のシロップと練乳を混ぜ合
　わせる。刻んだアーモンドを加えて合わせたら、「パイナッ
　プルの5分煮」を並べたバットに流し入れる (**a**)。パイ
　ナップルが表面にでるように引き出して、冷凍庫で凍らせる
　(約6時間)。

Arrange Recipe ／ プラムの5分煮

クイックブレッド

混ぜて焼くだけ！発酵いらずで、
簡単に朝食パンのでき上がりです。
きび砂糖を使って、やさしい甘さに
仕上げたのもおいしさのコツ。

材料（15cm型1台分）

「プラムの5分煮（P.116）」… 150g

バター（常温）… 75g

きび砂糖 … 90g

粗塩 … ひとつまみ

卵 … 2個

薄力粉 … 180g

ベーキングパウダー … 小さじ2

ヨーグルト … 70g

きび砂糖（トッピング用）… 大さじ1

下準備

・ オーブンを160℃に予熱する

作り方

❶ **バター、きび砂糖、粗塩、卵を合わせる**

マヨネーズ状にしたバター（P.21❷参照）にきび砂糖、粗塩を泡立て器ですり混ぜる。卵を割り入れ、均一になるまで混ぜ合わせる。

❷ **粉類、ヨーグルトも加えて、混ぜる**

❶に薄力粉とベーキングパウダーをふるい入れ、ヨーグルトも加えて、つやが出るまでゴムベラで混ぜる。

❸ **型に生地とプラムを入れる**

❷を型紙を敷いた型に流し入れ、「プラムの5分煮」をランダムに入れる。全体をゴムベラでざっくり混ぜ合わせ（**a**）、トッピング用のきび砂糖を表面に振る。

❹ **160℃のオーブンで焼く**

160℃のオーブンで50分程、割れ目がきつね色になるまで焼く。

a

ぶどうシロップ
Arrange Recipe ▶ P.122

柚子シロップ
Arrange Recipe ▶ P.123

冷蔵庫で6ヵ月ほど、保存可能

氷砂糖シロップ

材料（作りやすい量）

ぶどう（巨峰）／柚子／梅／ブルーベリー
　　… 各500g

氷砂糖 … 各500g

好みのビネガー…各50g ＊柚子以外に入れる

作り方

❶ **フルーツを下処理する**

ぶどうは皮付きのまま半分にカット。柚子は種を取って、皮も実も細かく刻む。梅はヘタを取り、一周ナイフで切れ目を入れる。

❷ **フルーツと氷砂糖を交互に入れる**

保存容器にフルーツと氷砂糖を1:1の量ずつ、交互に重ねていく（**a**）。柚子以外のフルーツはビネガーを入れる（**b**）。

❸ **氷砂糖が溶けるまで約1週間浸ける**

蓋を閉じ（**c**）、約1週間常温で漬ける。2日に1度瓶を振って、氷砂糖が溶けたら完成。完成後は冷蔵庫で保存する。

POINT ビネガーを入れると腐敗防止に。また、シロップが早くでき上がります。白ワインビネガーがおすすめ！ 柚子は果肉と果汁があるため、ビネガーを入れなくても十分にシロップが出てきます。

梅シロップ
Arrange Recipe ▶ P.124

ブルーベリーシロップ
Arrange Recipe ▶ P.124

ぶどうソーダ・ミルク・ワイン割り

ひとつのシロップで 3 通りの味が楽しめます。
お好みのくだものを使った氷砂糖シロップで、ぜひ試してみてください。

材料 （各グラス1杯分）

[ぶどうソーダ]
「ぶどうシロップ（P.120）」 … 70g
炭酸水 … 70g
氷 … お好みで

[ぶどうミルク]
「ぶどうシロップ」 … 70g
牛乳 … 140g
氷 … お好みで

[ぶどうワイン]
「ぶどうシロップ」 … 60g
白ワイン … 90㎖

作り方

それぞれの材料をグラスに入れ、混ぜ合わせれば完成。

柚子茶

「柚子シロップ」は、寒い冬に常備しておきたいストック。
お湯を注ぐだけで、香り豊かな柚子に身も心もほっと温まります。

材料（カップ1杯分）

「柚子シロップ（P.120）」… 50g

お湯 … 150g

作り方

カップに「柚子シロップ」を入れ、
お湯を注ぐ。全体を軽く混ぜる。

Arrange Recipe ／ 梅シロップ

梅のグラニテ

梅の旨みがぎゅっと凝縮した、清涼感溢れるグラニテ。
暑さで食欲がない日でも、きっとスプーンが進むはず。

材料（作りやすい量）

「梅シロップ（P.120）」 … 50g

水 … 75g

作り方

「梅シロップ」を水で割り、保存
容器に入れて冷凍庫で凍らせる
（約6時間）。凍ったらフォークで
くずして、器に入れる。

Arrange Recipe ／ ブルーベリーシロップ

ブルーベリー
ドレッシング

ブルーベリーのまろやかな甘さと酸味が、オリーブオイルと好相性。
実も一緒に食べるので、フルーツサラダとしても堪能できます。

材料（作りやすい量）

「ブルーベリーシロップ（P.120）」
　　… 大さじ2

「ブルーベリーシロップ」の実
　　… 大さじ2

粗塩 … 小さじ1

ビネガー … 大さじ1

オリーブオイル … 大さじ1

作り方

すべての材料を混ぜ合わせて、
お好みのサラダにかける。

Frozen Stock
冷凍ストックを上手に活用しよう

「時間がない、でもストックしておきたい！」。そんなときに役立つのが、「冷凍ストック」です。
くだものを切って冷凍するだけだから、とにかくお手軽。
3〜4ヵ月、冷凍保存できるので、旬の時期が過ぎても長くおいしさを楽しめます。

作り方

❶ くだものの皮や種などを取り除き、実だけにする。

❷ 食べ頃の状態なら適度なサイズにカットする。熟し過ぎている状態なら、潰してピューレ状にしてもOK。

❸ 冷凍可能な保存袋に入れ、冷凍庫で冷凍する。

CHECK

＊ 解凍せずに、冷凍のまま使いましょう。

＊ 焼き菓子など加熱する場合、水分が出やすくなるため焼き時間が10〜15分ほど長くなる可能性があります。様子を見て加減してください。

＊ 『P.10 フルーツサンド』『P.24 フレッシュタルト』のような、くだものをフレッシュな状態で使うレシピには使えません。

使い方

そのまま食べる

暑い日のおやつに

そのままミキサーにかける

シャーベットやドリンクに。
ソーダや牛乳と割るのも◎

加熱する

焼き菓子やムースに入れたり、
ジャムなどのストックに

知っておきたい3つのこと

もっとおいしく楽しく、くだもののお菓子を作るためのポイントを
3つに分けて紹介します。

くだもののこと

果実が熟れている方がいい、かための方が扱いやすいなど、
作るお菓子によっておすすめはありますが、基本はどれを選んでもOK。
いろいろと試してみて、好みの食感を見つけるのも楽しいでしょう。

CHECK

くだものは
香りのいいものを選ぶ

食べ頃のくだものは、香りの高さが特長。くだもの選びに悩んだら、香りのいいものを選びましょう。でき上がりが香り豊かになるだけでなく、お菓子作りの工程でも、くだものならではの芳醇な香りを堪能できます。

加熱するお菓子は
くだものを1種類に絞る

ぶどうなら巨峰やピオーネなど、ひとつのくだものでも複数の種類があります。パイやタルトなど加熱して作るお菓子は、くだものを1種類に絞ること。異なる種類を混ぜると、火の通りや食感に違いが出るので注意。

仕上がりは
様子を見て調整を

くだものの熟し具合によって、含まれる水分量が変わってきます。そのため、焼き時間や冷やし固める時間などは、実際の様子を見て調整を。仕上がりの違いがあっても、それがくだものの魅力と捉えて楽しみましょう。

材料のこと

本書で使っている材料は、スーパーなどで市販されている
一般的なものを使用しています。
ここでは、覚えておくとよいポイントをピックアップしてご紹介します。

CHECK

塩は、
粗塩を使用

粗塩は、精製されていないため水分が含まれています。一方、一般的に塩と言われる精製された塩や焼き塩は、水分などが取り除かれているため、同量を入れると塩分が強くなってしまいます。本書のレシピは、すべて粗塩を使用して作ってください。

生クリームは
40%以上が◎

お菓子の加工に使う生クリームは、乳脂肪分40%以上が◎。ホイップクリームのように生クリームをそのまま食べる場合、乳脂肪分42%にすると口どけのよいクリームになります。もし42%がなければ、35%と47%を半量ずつ合わせて使いましょう。

ゼラチンは
使い慣れたものでOK

本書で使うゼラチンは、一般的に購入しやすい粉末状を使用しています。ゼラチンに水をかけると混ざりにくく、ムラになりやすいため、必ず水の中にゼラチンを振り入れましょう。板や顆粒など、使い慣れたゼラチンがあれば、同量で代用可能です。

道具のこと

くだものを扱うときに、あると便利な道具を紹介します。

① 牛刀・三徳包丁

大きなくだものを切るときに便利。刃幅が広い方が使いやすいのでおすすめです。

② ペティナイフ

種をくり抜いたり、ヘタを取ったりなど細かい作業を行うには、大きな包丁だと扱いにくいことも。1本持っておくと何かと役立ちます。刃幅が細いものが◎。

③ くり抜き器

りんごや洋梨などの種やヘタをくるんとキレイに取り除くことができます。なければステンレスの計量スプーンで代用できることも。

④ ピーラー

キウイや桃、洋梨など皮が薄いくだものは、ピーラーを使ってできるだけ薄くきれいに皮をむきます。

型紙の敷き方

パウンドケーキやテリーヌなどの生地を型に流し込むときは、クッキングシートを ①〜③ の手順で折り込んで敷きます。

① 型の底面と側面に合わせて、クッキングシートをカットする。

② 型の形に合わせて、辺の部分に折り目を付ける。

③ 四隅の角になる部分を外側に三角に折り込むようにして広げ、型に敷く。

藤野貴子
Takako Fujino
—

菓子研究家。フランス料理のシェフの父と、料理研究家の母の影響で幼いころから菓子づくりに興味をもつ。大学卒業後に渡仏、パリの老舗レストランでパティシエールを務めるかたわら、フランス各地を巡って郷土菓子を学ぶ。現在は、キッチンスタジオ＆コーヒースタンド『カストール』にてお菓子教室の主宰、焼き菓子の販売等を行う。著書多数。

HP：https://2castor.com/
Instagram：@taquako41

撮影協力　タカナシ乳業株式会社
オフィシャルサイト
https://www.takanashi-milk.co.jp
タカナシミルク WEB SHOP
https://www.takanashi-milk.com
＊写真の商品は一部のスーパーマーケットで
販売しています

staff

デザイン	高橋朱里（○△）
カメラマン	福尾美雪
スタイリスト	駒井京子
調理アシスタント	井上和子
編集	石塚陽樹（マイナビ出版）、野村律絵
編集	秋山泰子（MOSH books）
校正	株式会社聚珍社

季節を彩る
くだものレシピ帖

2024年1月30日 初版第1刷発行

著者	藤野貴子
発行者	角竹輝紀
発行所	株式会社マイナビ出版
	〒101-0003
	東京都千代田区
	一ツ橋2-6-3 一ツ橋ビル2F
	電話 0480-38-6872（注文専用ダイヤル）
	03-3556-2731（販売）
	03-3556-2735（編集）
	URL http://book.mynavi.jp
印刷・製本	シナノ印刷株式会社

ISBN978-4-8399-8410-6
©2024 Takako Fujino
©2024 Mynavi Corporation
Printed in Japan